SOUVENIRS

ET

IMPRESSIONS

DE VOYAGES.

SOUVENIRS

ET

IMPRESSIONS

DE VOYAGES.

Par Victor Pissis.

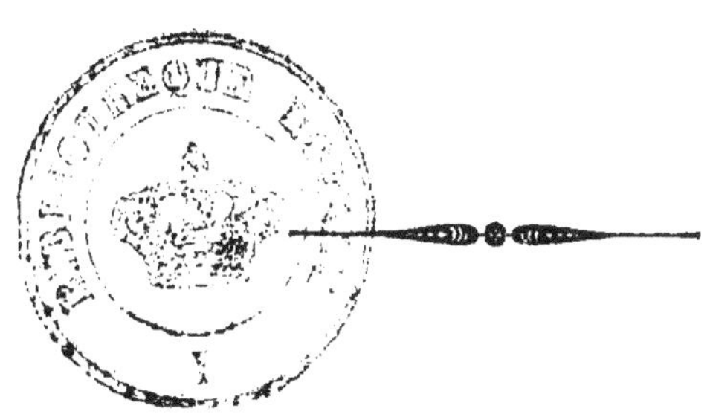

PARIS,

CHARLES GOSSELIN, LIBRAIRE.

1836.

Je n'écris point pour le public, et n'ai pas la prétention de faire un livre. J'ai parcouru, l'été dernier, plusieurs de nos départements, quelques cantons de la Suisse, une partie de la Savoie, et je livre à mes amis seulement les *impressions* que j'ai reçues dans ces voyages, les *souvenirs* que j'en ai rapportés.

J'ai vu rapidement, mais j'ai vu tous les lieux que je décris, et, sous ce rapport, ma relation mérite pleine confiance. Du reste, on trouvera, je le sais, mon style inégal, mes détails trop longs, mon bavardage souvent ennuyeux. Que faire à cela? Répéter que cette esquisse n'est point destinée au public, et que si je n'eusse compté sur l'indulgence de ceux qui la liront, elle n'aurait jamais vu le jour.

SOUVENIRS ET IMPRESSIONS

DE

VOYAGES.

I.

LE PUY EN VELAY, SAINT-ÉTIENNE ET LYON.

Par une belle journée du mois de juin, vêtu de la blouse grise, et coiffé du large chapeau de paille, je pris sentimentalement la route du Puy, dans l'intention d'aller visiter les Alpes et la Suisse. Je traversai rapidement les montagnes de Fix, limites de l'Auvergne et du Velay ; et bientôt après, j'étais devant les ruines du château de Polignac. Arrêtons-nous devant ces nobles et imposans débris ; ici les souvenirs du moyen âge ne sont pas seuls ; avant eux, nous trouvons les traditions de l'antiquité.

Sur la vaste plate-forme d'un énorme rocher volcanique, s'élève une vieille tour dont l'aspect frappe le voyageur d'une sorte de respect et d'admiration. C'est là tout ce qui reste de cette ancienne forteresse féodale, bâtie sur les ruines d'un temple d'Apollon. Le temps a fait justice de tout, et des oracles que des prêtres menteurs y faisaient rendre au nom du dieu de Délos et de la puissante féodalité qui s'était assise sur ces antiques débris; seulement, comme témoignages de ces deux règnes de la ruse et de la force, le temps a respecté *le Puits de l'oracle* et *la grande tour du château*. Saluons ces vieux témoins des siècles passés! ils nous apprennent l'histoire de l'humanité; ils nous disent tout ce qu'il a fallu de temps, d'efforts et de révolutions pour arriver à la possession de la vérité, de cette vérité qui est l'apanage naturel de l'homme, et qui ne lui est parvenue qu'à travers tant de siècles, de combats, et de souffrances....! Mais passons, et arrivons au Puy, où nous séjournerons le lendemain.

Vous connaissez la ville du Puy; vous avez admiré en arrivant, surtout par la route d'Auvergne, ou par celle du Languedoc, vous avez, dis-je, admiré et ce bel amphithéâtre de maisons construit sur un des côtés du mont *Anis*, et ce magnifique rocher de *Corneille* qui couronne, d'une manière si pittoresque, la ville et la montagne; vous avez vu le rocher de *Saint-Michel*, planté au milieu des jardins et des prairies du faubourg d'Aiguille, comme un obélisque égyptien: comme moi, vous vous êtes demandé quelle puissance volcanique avait fait surgir ainsi du sein d'une prairie cet élégant *pain de sucre* de trois cents pieds de hauteur, ou bien quel épouvantable déluge avait ouvert et déblayé l'intervalle qui sépare le rocher de *Corneille* et celui-ci, car il est évident qu'ils ont la même origine et la même nature ; comme moi aussi vous vous êtes étonné sans doute que l'homme, voulant en quelque sorte lutter de force avec la nature, soit parvenu à tailler, dans cette masse énorme, deux cent vingt degrés sinueux ; et qu'arrivé sur la pointe qui en paraissait inaccessible, il y ait élevé un édifice dont la construction a quelque chose de vraiment fantastique. Cet édifice, aujourd'hui chapelle dédiée à saint Michel, fut primitivement, s'il faut en croire la tradition, un temple dédié à *Mercure ;* ainsi le culte de celui de nos saints qui est représenté pesant les âmes dans une balance, et les dirigeant vers le séjour qui leur est destiné, aurait précisément remplacé le culte du dieu païen qui était chargé de la conduite des âmes dans le séjour des morts ; tant est juste cette observation, que pour fonder plus sûrement une religion nouvelle, il faut toujours ménager quelque chose des anciennes institutions, et qu'il est au-dessus de la puissance humaine de faire disparaître, sans transition, des idées et des croyances depuis long-temps établies dans l'esprit des peuples.

En revenant du rocher de Saint-Michel, vous avez peut-être visité l'église Saint-Laurent, et vous y avez remarqué le monument de Bertrand du Guesclin, ce vaillant connétable dont la puissante épée gagna tant de batailles au roi de France, et reprit tant de provinces à l'Anglais. Ce monument, qui avait été en partie détruit par nos vandales de 1793, a été restauré depuis peu par les soins éclairés de M. de Bonald, évêque du Puy, et de M. le curé de Saint-Laurent. Hommage aux prêtres qui honorent et protégent les arts, et savent conserver ou restaurer nos vieux monuments nationaux! Le christianisme est venu pour agrandir, et non pour rapetisser l'esprit humain; et la religion doit consacrer, pour être fidèle à sa mission, tout ce qu'il y a de beau, de noble, de grand dans les souvenirs de la patrie.

De l'église *Saint-Laurent* nous montons par le quartier des *Farges*, à l'église *Notre-Dame*, monument qui mérite toute notre attention. Bâti sur le sommet du mont *Anis*, au pied du rocher de *Corneille*, cet édifice, dont la construction remonte au huitième siècle, est une espèce de tour de force en architecture: cette masse énorme, construite horizontalement, non pas sur le plateau, mais sur le *revers* de la montagne, et soutenue par une voûte dont les arceaux retombent sur des piliers de quatre-vingts pieds d'élévation, semble placée là par l'architecte comme pour se jouer des difficultés du lieu. La tradition religieuse et populaire explique cela autrement, puisque, d'après elle, ce serait *un cerf en fuite* qui aurait tracé sur la neige l'enceinte du temple que saint Georges, l'un des premiers pasteurs de la contrée, aurait fait construire peu de temps après. Ce qu'il y a de certain, c'est que la célébrité de *Notre-Dame-du-Puy* est fort ancienne; que le culte de la *Vierge*, et les nombreux

miracles qui lui étaient attribués, y attirèrent long-
temps l'affluence des fidèles; que les personnages les
plus considérables, des princes, des rois, des papes
y vinrent porter leurs hommages et leurs présens;
que le pieux Louis IX, à son retour d'Egypte, en
1254, vint faire ses dévotions à Notre-Dame-du-Puy,
et y laissa de riches présens. C'est même à la muni-
ficence de ce saint roi que les historiens attribuent
le don de la statue en bois de cédre, représentant la
Vierge et son fils assis sur ses genoux, statue dont
l'origine est évidemment égyptienne. — Mais nous
sommes pressés; quittons *Notre-Dame*, où vous auriez
encore beaucoup de choses à remarquer, notamment
de nombreux bas-reliefs, représentant presque tous
des cerfs, des biches et des chiens de chasse; ce qui a
fait dire aux antiquaires qu'il avait dû originairement
exister sur le mont *Anis* un temple de *Diane* dont les
débris auraient été employés dans la construction du
temple chrétien.

D'autres bas-reliefs du même genre ont été enlevés
de l'église, et transportés au musée de la ville du
Puy, fondation nouvelle due à l'administration de
M. de Bastard et aux soins de M. Becdelièvre, et qui
fait honneur à la fois au goût de ses fondateurs, et au
zèle éclairé des jeunes savans qui partagent aujour-
d'hui avec M. de Becdelièvre les soins qu'exigent la
conservation et l'embellissement de ce musée. Mal-
heureusement je n'ai pu le visiter que très-rapide-
ment; mais je dois dire que j'ai été frappé et du
goût qui paraît avoir présidé à cette collection, et

des soins avec lesquels ont été recueillis et conservés. une foule d'objets précieux, qui tous sont classés avec un ordre admirable. On ne peut que faire des vœux pour que l'administration du département et le conseil-général sentent combien la science est intéressée à l'encouragement d'un établissement de ce genre , dont l'importance s'accroîtrait rapidement, si les ressources pécuniaires étaient élevées en proportion des besoins.

J'ai quitté le musée du Puy beaucoup trop tôt, et cependant j'ai à peine le temps de vous faire remarquer, dans une direction opposée , le village et le rocher d'*Espaly*, et les ruines du château où Charles VII fut proclamé roi de France. Le temps presse , et la voiture de St-Etienne va partir. Avant de quitter le Puy, admirez encore les belles promenades du *Breuil*, l'hôtel de la préfecture ; et, portant vos regards un peu plus loin , dites adieu à ces rians coteaux qui s'élèvent derrière le Breuil , et forment un si joli encadrement à cette partie de la ville. Mais les chevaux sont à la voiture, il faut partir, et aller chercher d'autres sites, d'autres paysages , d'autres impressions.

Déjà nous sommes sortis de la ville ; nous avons jeté un dernier regard sur ce beau rocher de *Corneille*, dont la vue a vraiment quelque chose de fantastique; nous traversons la jolie et fraîche vallée, au milieu de laquelle s'élève le couvent de la *Chartreuse ;* nous passons la Loire sur le pont de *Brives ;* la Loire, modeste et pauvre ruisseau qui coule ici obscurément sur

un lit de rochers; mais qui deviendra plus loin le beau
fleuve du centre; le fleuve qui enrichit quatre ou cinq
provinces, le fleuve d'Orléans, de Saumur, de Tours
et de Nantes, le fleuve, aux vagues molles et pares-
seuses, qui baigne si voluptueusement le tombeau
d'Agnès Sorel, et Chambord, et Montbâson, et
Loches, et toute cette molle et sensuelle contrée de
Touraine, où les châteaux viendront, comme à
l'envi, se placer le long de ses rives. Ici nous quittons ces rives sans regret, parce qu'elles sont sans
poésie, et nous poursuivons notre route vers les
montagnes, laissant à notre gauche le vieux château
de *Lardeirolles*, et à droite les forêts de sapins et de
hêtres qui couvrent les coteaux de *Saint-Germain*.

Passons rapidement, si nous pouvons, les âpres et
tristes montagnes du *Perthuis*, et la petite ville
d'Yssengeaux, qui, malgré l'âpreté de son climat,
devra peut-être plus tard à son voisinage de Saint-
Étienne une prospérité commerciale, que rien malheu-
reusement ne promet à d'autres parties du département bien plus riches par le sol. Non loin de là nous
admirerons en passant le site éminemment sauvage et
pittoresque du pont de Lignon; puis nous traverse-
rons la petite ville de Monistrol, et quelques heures
après nous arriverons à Saint-Étienne.

N'attendez pas que je vous décrive ici toutes les
richesses minéralogiques et industrielles de Saint-
Étienne, de ce *Birmingham* français, de cet immense et prodigieux développement de l'industrie
humaine; il me faudrait des volumes pour vous dé-

tailler toutes ces merveilles , et je n'ai que le temps
de vous conter rapidement mes impressions.

L'aspect général de Saint-Étienne ne ressemble à
rien de ce que vous avez pu voir en France : un paysage nu et triste , un sol qui n'est riche qu'en dessous; des montagnes arides entourant de tous côtés
une vallée sans arbres ; au lieu de châteaux ou de
jolies maisons, pour garnir le paysage , des cheminées , des puits de houille et des fourneaux , puis
une atmosphère imprégnée de fumée, une odeur de
charbon répandue de tous côtés; et, au milieu de
tout cela, un immense village , dont les maisons à
cinq et à six étages paraissent jetées çà et là , sans
régularité, sans ordre , sans une idée d'architecture , et seulement comme pour mettre à couvert
une population qui ne peut plus faire mouvoir ses
bras, ses métiers , ni ses machines , dans l'étroite
enceinte qui les contenait jadis ; voilà St-Étienne.
Une seule rue et une seule place, au bout de laquelle
est l'hôtel de ville , vous rappellent que vous êtes dans
une grande cité, dans une grande ville de cinquante
mille âmes.

Mais si tel est le premier aspect de Saint-Étienne,
hâtons-nous de dire tout ce qu'il y a d'étonnant ,
d'admirable , de prodigieux, dans le mouvement et
l'industrie de cette laborieuse fourmillière ; tout ce
qu'il y a de travail, d'activité, de puissance dans
cette immense réunion de mineurs , de forgerons ,
de quincailliers , de cloutiers , d'armuriers , de ruba-
niers , d'ouvriers de toute espèce ; ajoutons qu'une

industrie qui emploie quarante mille ouvriers , et qui s'exerce sur cinquante millions de matières premières , dont elle double la valeur par son travail , est une belle et grande industrie ; puis , venez avec moi dans ces manufactures ; visitez cette belle usine des *Ribes,* où vous verrez en détail comment une lame de fer, repliée sur elle-même , devient un canon de fusil, et comment une lame d'acier se transforme en la terrible baïonnette ; venez admirer cette belle manufacture royale , qui peut fournir à la défense de la patrie cent mille fusils par an ; ensuite voyez toutes ces belles fonderies , ces forges, ces hauts-fourneaux, ces vingt mille métiers à rubans et à lacets ; visitez la *Bérardière* et *Terre-Noire ;* comptez tous ces cyclopes , qui passent leur vie, pour ainsi dire , sur les charbons ; calculez la puissance de toutes ces chutes d'eau , de toutes ces machines à vapeur , et dites-moi si vous avez vu au monde quelque chose de plus étonnant , de plus admirable que cette industrie. Si vous en avez le temps , visitez encore l'école des mines, où vous trouverez des savants modestes , qui honorent leur profession par des travaux utiles ; et , dignes continuateurs de l'illustre ingénieur *de Gallois,* font tourner au profit du pays l'expérience et les lumières qu'ils doivent à leurs études et à leurs méditations. Pour moi, je dois , en mon particulier, de vifs remercîments à M. *Gervois,* l'un des jeunes professeurs de cette école, qui mit une obligeance extrême à me guider dans plusieurs de mes courses , et notamment dans celle de la *Bérardière.*

J'ai parlé de Saint-Étienne, et je n'ai rien dit encore de cette nouvelle et magnifique voie de communication ouverte entre le bassin de la Loire et celui du Rhône, et s'étendant depuis Roanne jusqu'à Lyon, sur une distance d'environ cent quarante-quatre mille mètres ou trente-six lieues de poste ; je veux parler des chemins de fer, de cette admirable entreprise, due à l'esprit d'association, et qui peut avoir sur l'avenir commercial et industriel de la France une influence incalculable. Qui n'a pas vu aujourd'hui, qui n'a point admiré les chemins de fer de Saint-Étienne, ces travaux vraiment dignes des Romains, ces montagnes percées sur des longueurs de quinze cents mètres, ces ponts jetés çà et là par centaines ; ces chaussées conquises sur l'emplacement d'un marais ou sur le lit d'un fleuve ; et puis ce mouvement perpétuel de voitures, de chariots, de wagons, qui courent presque seuls, se croisent, se chargent et se déchargent, et tout cela sans confusion, sans désordre, sans accident ?

Pour mieux apprécier ce tableau, prenez comme moi une place de *coupé* dans la berline ou première voiture du départ, dans un instant vous entrerez dans le souterrain de *Terre-Noire*, que vous mettrez douze minutes à parcourir, dans les ténèbres les plus profondes. Heureux si vous vous trouvez à côté d'une jolie femme qui ait peur, et que vous rassurerez doucement ! Je connais quelqu'un à qui ce bonheur est advenu..... Mais, chut ! qu'est-ce que j'allais vous dire là ? En sortant du souterrain, vous entrez dans la charmante vallée de *Janon*, et de là jusqu'à *Givors*, par Saint-Chamond et Rive-de-Gier , vous ne voyez plus qu'une immense forêt de cheminées à vapeur , de hauts-fourneaux , de laminoirs, de fonderies et de forges ; le tout entrecoupé de beaux massifs de verdure , de jolies maisons , de magnifiques jardins et de belles prairies. C'est vraiment un coup d'œil unique en France , et auquel l'Angleterre seule peut opposer le coup d'œil de Birmingham.

La vallée de St-Chamond et celle de Rive-de-Gier sont aussi belles que celle de St-Étienne est triste. Des coteaux bien boisés , de beaux massifs de verdure jetés çà et là, de jolis vignobles, et de grasses prairies ; et puis toute cette vie , toute cette activité répandue dans la vallée , tout cela forme un tableau vraiment admirable ; et le voyageur qui, pour la première fois , parcourt cette route, doucement entraîné par la pente du chemin de fer, croit rêver, en voyant accumulées dans un si petit espace toutes ces merveilles de l'industrie et de la civilisation.

A *Givors*, vous entrez dans le bassin du Rhône , et quelques minutes après , vous êtes sur les rives délicieuses de ce fleuve que vous longez jusqu'à Lyon. La chaussée sur laquelle est établi le chemin de fer , a été en grande partie conquise sur le lit du fleuve, et a dû coûter des sommes immenses ; elle dure à peu près une heure , et se termine près du pont de la Mulatière. Là , vous êtes à Lyon ; oui, à Lyon, à ce point de réunion du Rhône et de la Saône , qui fut jadis un

lieu sacré, où les tribus gauloises élevèrent un autel
à Auguste, où Caligula établit des combats d'éloquence, à la suite desquels le vaincu était jeté dans
le Rhône; vous êtes au bout de la presqu'île de Perrache, à ce fameux confluent que les historiens, les
poëtes, les voyageurs ont tant célébré. Et moi aussi,
je fus ému, fortement ému à la vue de cette grande
poésie, de cette riche nature, de ces deux beaux
fleuves qui portent l'abondance et la richesse dans
cette grande cité, qui la serrent, qui l'embra ssent,
l'un avec tant de vivacité, l'autre avec tant de douceur, et qui finissent par s'unir si amoureusement.

Nous suivons l'avenue de Perrache, le quai du
Rhône; dans quelques minutes, nous voilà place
Bellecour, au centre de la civilisation, de l'élégance,
de la richesse.

Ce premier aspect de Lyon a quelque chose de
noble, de grand, d'éminemment sympathique. Vous
devinez tout de suite que Lyon doit être une ville
aimable, aux mœurs douces et polies, au génie tout
à fait sociable; une ville favorable aux arts, à l'industrie, au développement des plus nobles facultés
de l'homme. Vous comprenez que, si belle, si séduisante, et si gracieusement assise sur la grande
route des peuples, elle ait dû faire sa fortune, et
devenir la favorite des Césars, la patrie adoptive de
tant de grands hommes, la grande ville ecclésiasti-
que du moyen âge, qui s'enrichit, dans les terribles
bouleversements de la conquête, de toutes les dépouilles du monde gaulois, comme Constantinople

des dépouilles du monde romain. Vous suivez les diverses phases de sa prospérité, à travers le moyen âge , la dure féodalité , les déchirements de nos guerres civiles et religieuses ; vous pleurez sur ses malheurs de 1793 ; mais vous la revoyez plus florissante et plus belle sous la main protectrice de Napoléon ; et, avec ce grand homme , vous regrettez presque que ce ne soit point là la capitale de la France.

Lyon ! aimable ville ! comment dire à ceux qui ne vous ont point vue , tout ce que vous offrez de beau , de grand , de gracieux , de riche , d'admirable ? Décrirai-je vos beaux quais du Rhône , ou d'abord votre Rhône lui-même dont vous êtes si fière ; ce Rhône impétueux qui vous porte les torrents de la Suisse et les glaces des Alpes , et qui, pour arriver plus vite jusqu'à vous , franchit un lac de seize lieues , perce des rochers et des montagnes , et vient se marier, en bondissant, à votre Saône si douce , si paresseuse et si tranquille ? ou bien , pour mieux vous admirer, me dirigerai-je sur vos riches et rians coteaux de Sainte-Foi, de Saint-Irénée, de Fourvières ? Fourvières, la montagne des pèlerins , le rendez-vous des âmes dévotes et souffrantes , le témoin de tant de vœux et de prières , le siége de tant de miracles !

C'est une chose bizarre et contradictoire en apparence , que le sentiment religieux ait pu prendre autant de développement dans une grande cité industrielle et corrompue comme Lyon. Voyez cependant cette église de Notre-Dame-de-Fourvières ; comptez tous ces *ex-voto* suspendus à ses murailles et à ses

Voûtes ; remarquez cette affluence de fidèles apportant chaque matin leurs vœux et leurs offrandes ; ces mères, ces épouses, ces sœurs, ces amantes qui viennent demander à la *bonne Vierge de Fourvières* le rétablissement d'un fils, d'un mari, d'un frère, d'un amant ! Suivez ces pieux pèlerinages, vous les verrez redescendre à *St-Jean*, antique métropole de la cité lyonnaise. Puisque vous êtes là, visitez ce beau monument, cette belle église du moyen âge, cette église fondée primitivement par l'*homme du désir*, S. Pothin ; et si, comme moi, vous y entrez pendant l'octave de la Fête - Dieu, admirez ce pieux recueillement des fidèles prosternés aux pieds des autels, cette majesté du culte, cette touchante réunion d'hommes de tous les rangs, de tous les âges, de toutes les conditions, et dites-moi si le sentiment religieux n'est pas empreint sur toutes ces figures, si même vous n'y remarquez pas un peu de mysticisme, et si vous n'êtes pas frappé du contraste de tant de piété, de tant de dévotion, au milieu de tant d'éléments de corruption et de désordre moral.

Mais poursuivons notre course ; et, puisque nous sommes à l'église St-Jean, sur les rives de la Saône, suivons un instant ces beaux quais ; admirons ces ponts élégants de Tilsitt, de l'Archevêché, de la Préfecture, ces beaux ponts en fils de fer, élégante et gracieuse création du dix-neuvième siècle, qu'on dirait empruntée au génie d'une fée, ou à la fantasmagorie des Mille et une Nuits. De là, passons à la place des Terreaux, où nous verrons l'hôtel de ville.

monument remarquable du onzième siècle, dans le
péristyle duquel vous admirerez deux belles et colossales statues de bronze représentant le Rhône et la
Saône ; à côté, le musée ou palais des arts, monument riche de tableaux, de statues, de bas-reliefs, et
de collections de tout genre que je n'entreprendrai pas
de vous décrire, mais que je vous engage à visiter en
détail, en vous recommandant de ne pas passer sans
vous arrêter devant un beau tableau de *Rubens*, et
deux chefs-d'œuvre de *Perrugini*, que vous reconnai-
trez facilement dans la foule. Ne sortez pas non plus
sans voir la fameuse table de bronze, où on lit encore
le discours de *Claude*, pour l'admission des Gaulois
dans le sénat ; c'est une de nos antiquités nationales
les plus précieuses, un signe de notre initiation dans
le monde civilisé.

De la place des *Terreaux*, nous irons visiter le
Grand-Théâtre, édifice peu remarquable, masse de
pierres aux formes lourdes et pesantes, architecture
sans grâce et sans élégance, qui ne rappelle en rien
les beaux théâtres de l'antiquité, ni même les belles
salles de Paris et de Bordeaux. Puis, je vous quitterai
pour aller rejoindre sur la promenade Bellecour, une
charmante petite dame avec laquelle je dois passer
la soirée.

Bellecour, qui est le plus beau quartier de Lyon,
est non-seulement une magnifique place aux riches
hôtels, aux superbes façades, à l'élégante et noble
architecture ; mais c'est encore une belle et charmante promenade, qui rappelle les Tuileries par le

beau monde qu'on y trouve , par l'élégance des toilettes , par l'affluence des promeneurs, et aussi par le ton de bonne compagnie qu'on y remarque. Chaque soir , pendant la belle saison, on y fait de la musique ; et tout en vous promenant, ou en prenant des glaces au café de Mme Girard , vous écoutez les délicieuses partitions de *Rossini*, de *Meyerbeer* , ou d'*Hérold*. J'ai prononcé le nom de Mme Girard, c'est la *belle Limonadière* de Bellecour , et je vous la recommande, si vous possédez le talent des *Charlet* ou des *Johannot;* croquez bien vite cette figure , elle est précieuse pour la caricature ; à ce point que je ne puis m'empêcher de rire encore en pensant à l'énorme perruque frisée dont elle était affublée, aux grimaces et aux contorsions de toute espèce par lesquelles elle exprimait son mécontentement contre ses garçons de café trop lents au service; enfin, aux nombreux soufflets ou taloches dont elle accompagnait ses ordres ou ses reproches , tout en distribuant au public, glaces , sorbets ou plaisir. Je passai là une heure ou deux très-agréables avec la jolie petite dame dont je vous ai déjà parlé; puis, je l'accompagnai chez elle , et je la quittai le plus tard possible ; les jours suivans, je la revis encore , et je la trouvai toujours plus jolie , plus aimable et plus attachante. J'étais perdu, si je n'avais pris le parti de fuir; aussi dès le lendemain , je retins ma place pour Genève.

Avant de quitter Lyon, je voulus pourtant jouir encore une fois de la vue de ce magnifique panorama qu'on découvre des hauteurs de *Fourvières*; je montai de grand matin à l'*Observatoire;* le temps était favorable, et je fus bien payé de ma course un peu fatigante par tout le plaisir que je ressentis. Cette belle ville de Lyon, pressée entre ses deux beaux fleuves, m'apparaissait alors dans toute la richesse de sa situation. A droite, les riches coteaux de Sainte-Foi, Saint-George et Saint-Irénée, étendant leurs pieds jusqu'à la Saône; au-dessous, cette pointe de Perrache, ce confluent des deux rivières où votre œil s'attache toujours avec un charme indéfinissable. — Devant vous, la ville avec ses beaux quais, ses places, ses monumens, ses maisons pressées les unes sur les autres, et son immense population, se remuant, s'agitant, se croisant, dans tous les sens; plus loin, le vaste faubourg de la Guillotière, les Brotteaux, et tout le cours du Rhône jusqu'au magnifique château de *Saint-Priest;* dans le lointain, le Mont-Blanc qui vous paraît comme un immense nuage. — A votre gauche, la *Croix-Rousse* avec ses maisons en amphithéâtre et ses vastes manufactures, dont plusieurs contiennent cinq cents ouvriers; plus loin, en remontant le cours du Rhône, les coteaux de Saint-Clair et de Miribel. — Enfin, en vous retournant, tout le cours de la Saône, et *Vaize,* et la route de Bourgogne, et ces beaux vignobles, et ces jolies maisons de campagne, qui semblent se presser sur les bords de la molle et voluptueuse rivière. Certes, il y avait dans ce tableau de quoi satisfaire l'œil du voyageur; il y avait là de quoi attendrir son âme, et le voyageur ne resta point insensible.

En descendant de l'Observatoire, je visitai encore l'hospice des *Antiquailles*, vaste établissement qui renferme des orphelins, des vieillards, des lépreux, des aliénés, et je ne sais encore combien de misères humaines; une Sœur Grise, douce et bonne comme elles le sont toutes, me servit de *cicérone*; j'admirai l'ordre qui règne dans cette maison, les précautions prises pour la propreté et la salubrité, les soins affectueux que prodiguent ces pieuses Filles à des malheureux souvent dégoûtans; et je sortis le cœur serré, à la vue de tant de maux qui affligent cette pauvre humanité, impression qui ne fut que peu affaiblie par le spectacle consolant de cette charité chrétienne qui fait dévouer au soulagement de nos misères, des femmes dont la plupart feraient l'ornement du monde. Tant il est vrai que notre âme est plus fortement frappée à la vue du mal, plus vivement impressionnée par le sentiment de notre misère et de notre dégradation, qu'elle n'est consolée même par ce qu'il y a de plus noble et de plus beau dans la vertu !

En quittant les *Antiquailles*, je voulus voir le Jardin des Plantes, qui n'est remarquable que par sa belle terrasse, d'où l'on domine une partie de la ville; et de là j'allai visiter l'intérieur de la Croix-Rousse, et le fort *Montessuy*, dont MM. les officiers du génie me firent les honneurs avec beaucoup d'obligeance et de politesse. La vue de ces travaux de fortification, qui du reste sont très-remarquables, me rappela, malgré moi, qu'un an plus tôt, cette belle ville de Lyon avait été ensanglantée par la guerre civile. En descendant, je passai par la galerie de *l'Argue*, où je remarquai encore beaucoup de traces de boulets et de balles; et, comme s'il y avait profit ou honneur à perpétuer d'aussi tristes souvenirs, un magasin de soieries situé à l'entrée de la galerie, à gauche, portait pour enseigne un boulet, avec ces mots en lettres rouges : *Au boulet du 9 avril.* Ce souvenir me fit mal, et je passai. La veille j'avais vu, à l'entrée de la rue de la Guillotière, une grande maison appelée la *maison Charbonnier*, entièrement en ruines; et j'avais appris des habitans du quartier les détails de l'horrible incendie de cette maison par des bombes françaises; enfin, près de la place Saint-Nizier, un officier, en me faisant remarquer tous les murs encore criblés de balles, m'avait montré le lieu même où était tombé mort le brave colonel Mounier, en attaquant une barricade. Pauvre France ! quand seras-tu donc lasse de voir répandre inutilement le sang de tes enfans ? quand seras-tu rassasiée de désordres et de guerres civiles ? il est temps de mettre à profit l'expérience de nos longs malheurs; il est temps de nous reposer de nos longues convulsions. Quarante ans de combats et de souffrances ! c'est bien assez payer la liberté; il est vrai qu'elle est si belle ! mais elle est à nous, et désormais elle ne saurait périr. Sachons seulement la garder pure; sachons surtout la bien comprendre; l'avenir est si plein d'espérances ! sachons attendre; la cause de l'humanité est gagnée, elle ne peut plus rétrograder.

II.

J E partis de Lyon le 24 juin. Nous suivîmes le quai
Saint-Clair, les rives du Rhône, les jolis coteaux de
Miribel, de Montluel et de Meximieux. C'était le jour
de Saint-Jean ; partout sur notre route des fêtes cham-
pêtres, des danses de village, des jeux, des courses,
des chants, de la gaîté franche et expansive, et,
pour animer encore tout cela, le plus beau temps du
monde. Cette route était vraiment charmante, et nous
ne regrettions que de passer si vite et de ne pouvoir
prendre part à la joie de ces bons paysans. La nuit
nous prit à Pont-d'Ain seulement, et, en montant la
montagne de *Cerdon*, nous essuyâmes un orage. Un
orage dans ces montagnes a quelque chose de grand
et de solennel ; les roulemens du tonnerre étaient
fréquents, et chaque coup était répété plusieurs fois
par les échos de la montagne ; nous marchions dans
l'obscurité la plus profonde, mais de temps à autre

nous apercevions, à la lueur des éclairs, les précipices sur le bord desquels est tracée la route, et d'un autre côté les rochers affreux qui la dominent, et qui semblaient, en ce moment, devoir se détacher sur nos têtes. Enfin l'orage se dissipa, et nous parvînmes à la cime du *Cerdon* que nous n'avions pas mis moins de trois heures à gravir. Là, plus rassurés, nous nous endormîmes, mes deux compagnons de voyage et moi, laissant à la Providence et à notre postillon le soin de nous conduire à bon port.

Le jour commençait à paraître; le ciel s'était éclairci, et nos yeux, un instant fermés par le sommeil, commençaient à se rouvrir; nous étions depuis un moment sur les bords d'un lac aux eaux pures et limpides : la surface de ce lac était dorée par les premiers rayons du soleil; ses bords, entourés d'une belle et riche végétation, se réflétaient avec grâce dans le cristal des ondes; ses contours sinueux, que la route suit à peu près, nous laissaient apercevoir, de temps à autre, le clocher et les maisons d'une jolie petite ville, qui se dessinait gracieusement dans le fond du tableau. A droite et à gauche, d'énormes montagnes, taillées à pic, et recouvertes jusqu'au sommet d'une verdure un peu sombre, formaient un encadrement sévère à ce paysage si riant. Nous avions sans doute rêvé la Suisse, et notre imagination, qui avait déjà franchi la frontière, nous fit croire que nous y étions réellement. A quel autre pays que la Suisse pouvait en effet appartenir cette nature à la fois si gracieuse et si sauvage, ce beau lac, ces belles montagnes, ces cascades qui tombaient du haut de ces énormes masses calcaires? et cependant nous nous trompions, ce n'était point la Suisse, c'était *Nantua*, petite ville, toute française par ses mœurs et par ses habitants; mais toute suisse par son site, par ses paysages pittoresques, par son lac surtout, dont l'aspect est pour le voyageur un avant-goût des beautés de premier ordre que lui gardent Genève et les autres parties de la Suisse. — Nous traversâmes, dans toute sa longueur, cette petite ville, où l'on remarque une église assez belle, et une tour du douzième siècle, dont l'architecture élégante et gracieuse, vue des bords du lac, se dessine à merveille au-dessus des autres édifices. Du reste, nous nous arrêtâmes à peine à *Nantua*; nous étions pressés de voir la véritable Suisse; et d'ailleurs nous devions nous arrêter, non loin de là, à *Bellegarde*.

Pour le voyageur, c'est *Bellegarde* qui est la véritable frontière. C'est là qu'est établie la ligne des douanes; c'est là qu'il faut montrer aux agens du fisc ou de la police vos effets, votre passe-port, votre figure. Malheur au pauvre voyageur dont le signalement ressemble tant soit peu à celui d'un proscrit; il est retenu sans pitié, examiné, interrogé, détaillé, de la tête aux pieds, par tous ces alguazils, et souvent ramené à Lyon, quand il croyait aller coucher à Genève! Cela s'appelle la civilisation.... Heureux pays que celui qui compte des douaniers et des agens de police aussi intelligents au nombre des instruments de sa civilisation!

Nous fîmes à Bellegarde un déjeûner assez confortable, et puis, pendant qu'on examinait nos passe-
ports, nous allâmes visiter la fameuse *perte du Rhône*.
si connue de tous les voyageurs, et la perte, pour
le moins aussi étonnante, de la fougueuse *Valserine*,
torrent qui, à vingt pieds au-dessous de son lit naturel,
composé d'une énorme couche de roche calcaire,
s'est creusé, par la vivacité et le mordant de ses
eaux, un second lit, dont on peut à peine mesurer
la profondeur, en se penchant sur les bords des rochers entr'ouverts, qui formaient l'ancien lit, et
font aujourd'hui comme une espèce de voûte au-
dessus du torrent.

De Bellegarde, je fis la route à pied jusqu'au fort
l'Ecluse, en compagnie des deux voyageurs qui, à
Lyon, étaient montés avec moi dans le coupé de la
diligence; tous deux joyeux compagnons, aimables
conteurs, ayant vu beaucoup, voulant voir davantage, et, comme moi, possédés d'un insatiable désir
de voyages, de nouveautés, d'émotions. C'étaient
bien les gens qu'il me fallait; comme moi, ils vou-
laient voir la Suisse; ils étaient capables de la voir
en artistes, en hommes de goût, en naturalistes; il
y avait en eux toute la poésie de la jeunesse, et
toute l'expérience que donnent de longs voyages.
Cette rencontre était pour moi une bonne fortune,
et je me gardai bien de la négliger. L'association fut
bientôt signée, et quelques instans après nous fîmes
de vieilles connaissances.

La route de Bellegarde au fort l'Ecluse domine le

cours du Rhône ; une gorge étroite et profonde forme
le lit du fleuve qu'on entend bondir avec fracas sur
les débris de rochers qui s'opposent à son passage.
De ce côté, c'est la France, de l'autre, c'est la Savoie,
âpre et rude frontière formée par la nature , et d'où
quatre hommes pourraient écraser des bataillons. Le
fort est situé sur l'escarpement de la dernière montagne de la chaîne du *Jura* , et domine tout le cours
du fleuve. Cette situation a quelque chose de sauvage
et presque de terrible : devant vous ces portes de fer,
ces canons braqués , ces bastions menaçans ; sur vos
têtes, ces masses de rochers qui semblent vous attendre pour rouler sur vous ; à vos pieds, ce Rhône
furieux, qui se bat contre les deux murs de granit
qui le pressent et l'enchaînent ; puis, un silence solennel ; l'absence de toute autre habitation humaine,
et presque la solitude du désert : voilà certes de quoi
étonner l'imagination du peintre , de quoi faire rêver
le poëte , de quoi faire penser le voyageur, de quoi
inspirer à tous une sorte de terreur religieuse.

Du reste , cette station semble ménagée tout exprès pour vous faire éprouver, quelques instans après,
une surprise plus agréable , une admiration plus
grande. Au sortir du fort l'Ecluse , la route gravit
une montagne ; bientôt vous êtes sorti de la gorge
que je viens de décrire, et vous arrivez sur un plateau d'où votre œil embrasse déjà la vue du magnifique bassin de Genève, du pays de Gex, des Alpes,
du Chablais, et du Mont-Blanc.

III.

Genève ! les Alpes ! le Mont-Blanc ! non, ce n'est point un rêve ; je les vois, je m'en approche ; un beau soleil couchant me présente cette vue magnifique, un peu lointaine encore, mais qui se rapproche à chaque instant, et que bientôt mon œil embrassera tout à son aise !...... Nous marchons ; nous traversons une des pointes du pays de Gex ; nous laissons à gauche *Ferney*, que nous visiterons plus tard, et la chaîne du Jura, que demain nous verrons plus belle ; nous passons la frontière, et ici nous la passons sans douaniers et sans gendarmes ; nous voici près de Genève. — Un reflet de blanc et d'azur, qui s'étend à notre gauche comme une longue écharpe, nous indique le lac que nous ne voyons pas encore. De beaux massifs de tilleuls et de platanes, de belles avenues d'ormeaux et de sicomores, de beaux parcs, de jolis jardins aux grilles dorées et aux longues allées, un parfum de roses et de jasmin, répandu de tous côtés, tout nous indique Genève; et tous les voyageurs de se regarder en souriant, et de se dire: Genève! Nous y sommes, nous y voilà!

Oui, nous y étions en effet; nous entrions déjà par la porte de France ou de Cornavin; nous tournions le bastion de ce nom; nous passions devant l'hôtel des Bergues; voici le lac, le pont en fil de fer, l'ile Rousseau et ses peupliers; voici le grand quai, plus bas le Rhône qui sort du lac en bondissant; voici Genève enfin. —Dans un instant j'ai quitté la diligence, et je suis installé dans une charmante petite chambre de l'hôtel des *Bergues*, ayant vue sur le lac et sur le Mont-Blanc.

Oh! qui me donnera des paroles pour vous dire tout ce que cette vue a de ravissant! A quel peintre emprunterai-je des couleurs pour vous rendre toute la richesse de ce tableau? A mes pieds, ce Rhône si bruyant, si fougueux, et cependant aux eaux si pures et si limpides; ce pont-féerie dont la ligne brisée a quelque chose de si gracieux et de si joli, et dont la légèreté vous ferait croire qu'il a été fait pour un théâtre, et non pour résister aux fougueux emportements d'un fleuve comme le Rhône; et cette île si verte et si fleurie où est assise, au milieu des peupliers et des roses, la belle statue du philosophe genevois, due au ciseau de Pradier. — A droite, ce beau lac dont la surface azurée s'étend plus loin que l'horizon, dont les eaux si belles et si calmes, dont les vagues si molles et si voluptueuses, les rives si délicieuses, les contours si gracieux, l'encadrement si riche, si beau, si majestueux, dont tout enfin vous saisit, vous attache, vous inspire et vous séduit; ce lac que les poëtes ont tant aimé, que les peintres ont tant étudié; ce beau lac *Léman*, qui fixa Voltaire et Mme de Staël, qui inspira Byron et Lamartine; oui, le voilà sous mes yeux, le voilà sous ma fenêtre, d'où j'aperçois en même temps une partie de la chaîne des Alpes, et cet admirable Mont-Blanc que mes yeux ne peuvent plus quitter. Oh! quel homme sensible résisterait au charme indéfinissable de ce spectacle! Quel voyageur avide d'émotions ne viendrait recueillir celles si douces et si vraies qu'inspire la vue de ces beaux lieux! — Genève était déjà pour moi une seconde patrie; déjà je l'aimais comme une nouvelle maîtresse; déjà j'aurais désiré ne plus la quitter. — Depuis mon entrée dans l'hôtel, j'étais resté en quelque sorte attaché à la fenêtre d'où mes yeux avaient pu contempler ce magnifique panorama; et j'y serais resté long-temps encore, si le garçon de l'hôtel ne fût venu me tirer de ma douce rêverie, en m'annonçant que le dîner était servi. — Ici, cette pauvre nature reprit ses droits; et comme j'avais faim, la sensation agréable qu'éprouva dans ce moment mon estomac remplaça tout à fait les sensations plus nobles que mon âme venait d'éprouver. Ceci veut dire que j'allai dîner avec plaisir, et que je fis honneur à l'excellente table d'hôte de M. *Rufenacht*, à ses bonnes truites du lac, et à son délicieux vin blanc de Rolle.

J'avais retrouvé à la table d'hôte MM. Hippolyte A...

et Amédée S.... mes deux aimables compagnons de voyage ; je m'étais placé à côté d'eux, et tous trois nous fîmes *bonne contenance* devant les Anglais qui étaient en masse à notre table, et vis-à-vis desquels nous soutînmes dignement et gastronomiquement l'*honneur national.*

Après cet excellent dîner, nous allâmes ensemble visiter l'intérieur de Genève ; nous vîmes le *temple St-Pierre* ou la cathédrale, monument d'une architecture mixte, dont le beau péristyle à colonnes corinthiennes me parut très-remarquable. L'intérieur de l'église est, comme tous les temples protestans, d'une nudité majestueuse, mais triste ; temple sans autels, sans images ; cathédrale sans ornements, sans statues, sans orgues, sans tableaux : pour l'âme vraiment religieuse, il y a plus de recueillement ; mais pour l'âme qui n'est que dévote, et c'est le plus grand nombre, il manque à ce culte un extérieur.

En sortant du temple, nous vîmes l'*hôpital*, noble et vaste édifice, où la charité genevoise a tout disposé pour recevoir et soulager toutes les misères humaines. Bâtiments spacieux, grandes salles, grandes cours, asile pour les vieillards, asile pour les orphelins, asile pour la maternité, asile pour les malades de tout genre ; rien n'y manque.

Puis, nous vîmes la *maison pénitencière*, asile d'un autre genre de misère bien plus honteux pour l'humanité ; asile de voleurs, de vagabonds, d'usuriers, de faussaires, de criminels de toute espèce. Là aussi la philantropie genevoise s'est noblement exercée ; là tout est prévu pour que la contagion du crime ne gagne pas la faiblesse de l'enfance ou l'erreur de l'âge mûr ; les condamnés, divisés dans trois ou quatre salles, d'après leur âge, la nature de leur crime et la durée de leur peine, travaillent en commun pendant le jour ; mais la nuit ils sont renfermés un à un dans des cellules solitaires : par ce moyen, l'immoralité et le danger de nos prisons françaises sont évités ; et pendant les longues nuits d'hiver, le prisonnier, réduit à lui-même, peut réfléchir tout à son aise sur les conséquences de son crime, retrouver au fond de son âme l'idée du juste et de l'injuste, l'idée de Dieu qui le fit bon et libre, et, par suite, l'idée de la vertu.

Nous visitâmes encore l'académie fondée par Calvin ; la bibliothèque où on nous montra plusieurs manuscrits de ce puissant réformateur, et deux homélies de saint Augustin, écrites au sixième siècle, sur du papyrus ; le musée, riche collection de tout ce que les trois règnes offrent de plus curieux, et où vous trouverez notamment les produits originaux dus aux recherches géologiques de MM. *de Jurine* et *de Saussure.*

En sortant du musée, nous étions devant la Porte-Neuve et en face du théâtre ; de l'autre côté de la porte, la promenade de *Plain-Palais*, belle et vaste pelouse bordée d'une double allée de tilleuls et d'ormeaux ; nous y passâmes quelques instans. La soirée était belle, et le beau monde de Genève était là. — Quand la nuit vint, nous entrâmes au théâtre : on jouait la *Mansarde des artistes ;* mais où donc étiez-vous, Gonthier, Bernard-Léon, Legrand, Jenny-

Vertpré ? Oh ! les malheureux ! comme ils défigu-
raient ces jolis rôles créés par vos talents ! Nous n'y
pûmes pas tenir long-temps , et le sommeil commen-
çant à nous gagner, nous profitâmes du premier entr'acte pour aller nous coucher , bien disposés à re-
commencer nos courses le lendemain , et faisant tous
des vœux pour que le temps nous favorisât.

Je m'éveillai de grand matin , et, en ouvrant les
yeux , je vis les premiers rayons du soleil tomber sur
la surface du lac. — La tête encore sur mon chevet ,
je voyais parfaitement cette longue écharpe d'or et
d'azur qui se dessinait à l'horizon , et dans ce moment cette vue avait pour moi quelque chose de fantastique ; je croyais rêver ; je me frottais les yeux ;
je ne me rappelais encore que confusément que j'é-
tais à l'hôtel des *Bergues*, à Genève, au bord du lac;
j'étais tenté de croire à quelque fascination ; je me
demandais quelle fée bienveillante m'avait , pendant
la nuit , transporté dans sa demeure...... Enfin , je
me levai ; je m'approchai de la croisée , et je vis
que mon rêve était une réalité. Le lac m'apparaissait
dans toute sa beauté ; cet immense miroir réflétait ,
dans toute leur richesse , les rayons d'un beau soleil levant. Sous ma fenêtre , deux superbes bateaux
à vapeur, et une vingtaine de jolies gondoles , toutes
pavoisées de rouge et de blanc , semblaient se dis-
poser à partir et à parcourir ces rives magnifiques ,
que j'apercevais au premier plan. Plus loin , les Alpes
du Chablais , qui , pendant la nuit , s'étaient couvertes
de neige , formaient une longue et onduleuse ligne
blanche , qui terminait majestueusement cette partie

du tableau ; enfin , à droite , la ville , les quais , le
dôme de Saint-Pierre , toutes ces maisons en amphithéâtre ; plus loin , toutes ces charmantes campagnes qui entourent la ville , avec leurs arbres ,
leurs massifs , leur verdure ; et dans le fond , bien
loin au delà , ce majestueux Mont-Blanc , aux formes
colossales , montrant sa tête au-dessus des nuages ,
et paraissant porter le ciel : voilà une faible esquisse
du magnifique et ravissant tableau que j'avais devant
les yeux. —J'étais ému jusqu'aux larmes ; j'admirais cette nature à la fois si gracieuse et si grande,
et je contemplais, avec un sentiment tout religieux,
ces trésors de la création , prodigués , comme à
l'envi , dans une même contrée.

Je descendis pour aller retrouver mes compagnons
de la veille ; nous parcourûmes encore plusieurs quartiers de la ville , les promenades , les bastions ; nous
visitâmes la maison *Eynard* , magnifique palais italien , où le célèbre philhellène a réuni tout ce que le
goût , les arts et la richesse peuvent produire de beau
et de gracieux dans une construction. —La maison
Diodati , séjour de lord Byron , et où l'illustre poëte
composa , dit-on , plusieurs chants de *Childe-Harold,*
l'île et le monument de J. J. Rousseau ; le jardin bo-
tanique créé par M. de Candolle , et qui est remarquable sous tous les rapports ; et enfin l'observatoire
qui renferme des instruments précieux , et dont la
rotonde est couronnée d'un dôme tournant , dans lequel est placé un beau quart de cercle de *Ramsay.*

IV.

LAC DE GENÈVE, LAUSANNE, VEVEY ET VILLENEUVE.

LE surlendemain de notre arrivée à Genève, nous partîmes par le bateau à vapeur *le Winkelfried*, qui fait alternativement avec un autre bateau portant le nom de *Léman*, la course de Genève à Villeneuve, en touchant à Coppet, Nyon, Rolle, Morges, Lausanne et Vevey. — Le temps était beau, quoiqu'il eût plu à Genève pendant la nuit, et que les montagnes fussent couvertes de neige; le lac était calme, et sa surface presque unie. — Déjà nous nous éloignions de Genève, et nous voyions fuir rapidement derrière nous son port, ses maisons, ses dômes, ses édifices; nous approchions de Coppet. Ici le tableau commence à s'agrandir; le lac devient plus large, plus beau; ses eaux paraissent plus bleues, ses vagues plus molles. A droite, les beaux coteaux de Savoie, les montagnes des *Salèves*, des *Voirons*; et derrière, les sommets

menaçants du Mont-Blanc ; à gauche, la belle chaîne
du Jura, couverte d'une neige toute fraîche, tombée
cette nuit comme exprès pour faire ressortir la verdure, la fraîcheur et la beauté de tous ces paysages
délicieux, qui forment la rive droite du lac ; plus près
de nous, le pays de Gex, Ferney, Coppet, Cran,
et bientôt la charmante petite ville de Nyon, dont
nous apercevons déjà le château flanqué de ses tours,
à l'architecture si légère et si gracieuse.

Nous étions montés sur le bateau à vapeur, mes
deux amis et moi, sans trop savoir où nous allions,
c'est-à-dire, sans projet bien arrêté. Dans cette riante et
poétique contrée, nous n'avions pas besoin de penser
au lendemain, et nous nous abandonnions doucement aux chances et aux hasards du voyage, sans
trop nous fixer sur le but, assurés que nous étions
de trouver, d'un côté comme de l'autre, profit,
plaisir et poésie. — Tous trois nous étions jeunes,
forts, aventureux ; nous avions la véritable vocation
du voyageur : curiosité, sympathie, amour du beau
et du nouveau, le feu sacré enfin ; aussi nous en-
tendions-nous parfaitement, et avions-nous déjà
établi entre nous comme une espèce de communauté
d'idées, de sensations et d'observations ; mais ne
voilà-t-il pas que le mal est toujours à côté du bien,
et que, pour nous rappeler cette triste loi de la nature, nous rencontrons, en allant déjeûner, un parent de M. Hyppolite A....., M. H...., libraire à
Paris, quai Voltaire, sergent-major de la garde na-
tionale, membre du conseil de discipline de sa légion,

propriétaire d'une *superbe maison de campagne*, rue de Babylone, laquelle maison de campagne était à ses yeux cent fois préférable au lac de Genève, au Mont-Blanc et à toute la Suisse. Cet honnête libraire, véritable type du badaud de Paris, avait, je gage, servi de modèle aux auteurs du *Voyage à Dieppe*, lorsqu'ils créèrent le personnage de M. *d'Herbelin :* et si MM. Wafflard et Fulgence ont fait celui-ci habitant de la rue Charlot, au Marais, c'est qu'ils craignaient que leur personnage ne fût trop facilement reconnu. M. H...... était venu à Genève *par hasard ;* car, du reste, il n'était parti de Paris que pour venir être parrain d'un enfant de sa fille, à Saint-Claude ; et comme Saint-Claude n'est pas loin de Genève, il *s'était décidé* à ne pas retourner à Paris, sans pouvoir dire à sa femme et à ses amis qu'il *avait vu la Suisse.* C'était donc uniquement pour l'acquit de sa conscience, et pour pouvoir, sans mentir, dire à ses amis, lorsqu'il les réunirait dans sa superbe campagne de la rue de Babylone, qu'il *avait vu la Suisse*, que notre honnête Parisien se trouvait en ce moment sur le lac, et au nombre des passagers du *Winkelfried.* Du reste, il était bon parent, et avait été enchanté de retrouver M. Hyppolite, et de faire connaissance *avec sa société*, c'est-à-dire, avec nous. Vous comprenez à merveille combien la sienne devait nous être agréable, d'autant plus qu'il ne nous laissait pas un moment de repos, et qu'il s'était attaché à nous comme notre ombre. Vous dire par combien de sottes questions et de plus sottes réflexions cet homme nous poursuivait depuis deux heures, ce serait abuser de votre patience autant qu'il abusa de la nôtre. Il fallait, à tout prix, nous débarrasser de ce fâcheux, et pour cela nous avions compris qu'il fallait, sans retard, employer *les grands moyens*. Nous lui dîmes que, vers le milieu du lac, notre navigation allait devenir plus difficile ; que là les eaux du Rhône formaient des courants très-dangereux, auxquels les meilleurs bateaux à vapeur avaient souvent de la peine à résister ; que, quelques mois auparavant, un de ces bateaux avait péri, avec tous les passagers, vis-à-vis le promontoire de Saint-Prex, circonstance que les gens du pays, et surtout l'administration des bateaux à vapeur, cachaient soigneusement aux étrangers, pour ne pas effrayer les voyageurs qui apportaient beaucoup d'argent dans le pays. — Notre mensonge réussit à merveille ; M. H... parut réfléchir un moment ; puis il nous dit qu'étant *père de famille*, et à la tête d'une maison de commerce considérable, il ne pouvait, comme nous, s'exposer au danger que nous venions de lui signaler, et courir, pour un vain motif de curiosité, les chances d'un voyage aussi hasardeux. Sa femme, d'ailleurs, ne lui pardonnerait jamais, si elle le savait, *de s'être exposé*, même un instant, sur un bateau à vapeur. En conséquence, M. H.... profita de la première station du *Winkelfried* devant le petit port de Rolle, pour regagner la terre ferme ; et, grâce à notre innocent mensonge, nous fûmes définitivement débarrassés de ce malencontreux compagnon de voyage, qui, pendant deux heures , nous avait ennuyés à mourir.

Pendant le temps que j'ai mis à vous parler de notre honnête libraire , nous avions passé devant la jolie ville de *Nyon*, salué *Rolle* et ses charmants coteaux si renommés pour leurs vins blancs ; déjà nous tournions le promontoire de *Saint-Prex*, nous apercevions le petit port de *Morges*, et derrière *Morges*, l'historique château de *Vuflens*, monument du moyen âge, sur lequel l'aimable auteur des *Châteaux-Suisses* a su répandre tant d'intérêt. — Ici, le lac se déploie dans toute sa beauté , et le paysage dans toute sa magnificence ; d'un côté, la rive savoyarde, *Thonon*, *Évian*, et plus bas , les romantiques rochers de *Meillerie ;* au-dessus, les belles Alpes du Chablais, dont les sommets neigeux contrastent admirablement avec le fond noir des rochers de Meillerie , et la riante verdure des vignobles d'Évian ; du côté opposé, un long amphithéâtre de maisons de campagne , avec des jardins délicieux qui descendent jusqu'au bord du lac, de superbes châteaux aux gracieuses tourelles ou aux créneaux menaçants, de charmants villages qui peuplent et animent le pays, des villes dont l'aspect annonce l'aisance et la richesse. Au milieu de tout cela , un lac de seize lieues de long sur deux lieues de large ; une immense nappe d'eau, dont le reflet d'azur exerce sur votre regard une puissance invincible d'attraction ; et pour fond de tableau , de quelque côté que vous vous tourniez, de belles montagnes aux formes majestueuses et à l'aspect sublime ; des bois, de la verdure, des neiges et des glaciers !

Nous approchions maintenant du port d'*Ouchies;* devant nous , se déployait déjà la belle ville de *Lausanne ,* et ce superbe amphithéâtre de jardins , de vergers et de vignobles , au milieu desquels elle est assise. Noble et imposant monument du neuvième siècle , sa belle cathédrale et ses deux grandes tours se dessinent et se distinguent au - dessus de tous les autres édifices. — Plus loin , sur la même rive , *Cully , Vevey , Montreux* et le vieux château de *Chillon ,* nous montrent déjà leurs sites historiques. — Enfin , nous voici dans le port d'Ouchies , au pied de Lausanne ; nous quittons , mes amis et moi, le bateau à vapeur ; une barque légère nous conduit à terre , et dans vingt minutes nous sommes à Lausanne.

Lausanne ! Comment dire la beauté de ce site , la richesse de cette position , la magnificence et la variété de ces paysages ! Oh ! allez à Lausanne ; montez sur la terrasse du château , ou au *Signal ,* et dites-moi si vous avez vu au monde quelque chose de plus beau , de plus attachant , de plus admirable que ce point de vue. Dites-moi s'il n'y a pas quelque chose de magique dans l'ensemble de ce panorama ; si ce lac, ces montagnes , cette nature à la fois si riante et si sublime , ne sont pas faits pour émouvoir l'âme la moins sensible. Ensuite visitez comme moi ces délicieuses campagnes qui entourent la ville : *Beausite , Villamont , la Rozière , Montbenon , Monrepos ,* et vous envierez le sort de ses heureux habitans ; et, si vous rêvez la fortune , vous voudrez pour votre retraite, pour le jour où vous direz adieu aux affaires , pour les jours de votre repos enfin, vous voudrez une habitation dans les environs de Lausanne.

Après nous être long-temps arrêtés sur la terrasse du château, et nous être franchement extasiés sur la beauté de ce site, nous visitâmes l'intérieur de la ville, et d'abord la cathédrale.

La cathédrale de Lausanne est un des monumens gothiques les plus remarquables de toute l'Europe : fondée par l'évêque Henri, sur la fin du neuvième siècle, elle domine par sa position toute la ville ; et du haut de ses tours, la vue embrasse, dans toute leur étendue, le lac de Genève, ses deux rives, et une partie des deux chaînes opposées des *Alpes* et du *Jura*. — La longueur de l'église est de trois cent seize pieds dans œuvre, et sa largeur, dans le chœur, de cent vingt pieds. Le chœur est séparé du reste de l'église par un beau *jubé* en marbre noir ; sa voûte est surmontée d'une tour majestueuse qui porte une flèche élégante, dont la cime est à trois cents pieds au-dessus du sol. — Dans l'intérieur de l'église, on remarque le tombeau du pape Félix V, qui, en 1449, abdiqua la tiare dans cette même église, ceux de plusieurs évêques, princes et étrangers de distinction, et enfin celui de lady Strafford-Canning, épouse de l'ambassadeur d'Angleterre. Ce dernier tombeau est un des chefs-d'œuvre de l'illustre Canova, et porte la date de 1817.

Après la cathédrale, nous allâmes visiter la maison de *Gibbon*, à côté de l'église St-François, et puis les délicieuses promenades de *Montbenon* ; de là, nous

rentrâmes en ville, et nous vînmes dîner, rue du Bourg,
au *Lion d'Or*. Nous trouvâmes dans cet hôtel beaucoup de Français de distinction, des artistes, des dé-
putés, des pairs, et notamment le marquis de L....
qui, le soir, nous invita tous d'une manière fort gracieuse, à un concert dont il faisait les frais, et que
dirigeait M. Francomme, artiste de l'opéra italien.

Cette journée avait encore passé bien vite; et quoique nous fussions un peu fatigués, nous quittâmes
avec regret le concert avant minuit. Mais il était décidé que nous partirions le lendemain de bonne heure,
et à pied, pour *Vevey*; et les uns et les autres nous
avions besoin de repos.

Le lendemain, à six heures, nous étions en route;
et, en suivant les bords du lac par un petit chemin
assez étroit qui passe dans *Cully*, nous traversâmes ce
bourg bâti tout à fait sur le bord du lac, et au fond
d'un petit golfe. De là, nous vînmes bientôt au village de Saint-Saphorin; et trois quarts d'heure après
nous arrivâmes à *Vevey*. — C'était le jour de la *fête
des carabiniers;* quatre à cinq mille Vaudois étaient
réunis sur une vaste pelouse, au bord du lac, et s'exer-
çaient au tir; toute la ville avait un air de fête; le
temps était magnifique; les places, les rues, les promenades étaient remplies de monde; filles et garçons
avaient pris leurs habits de fête, et de toute part on
s'apprêtait au plaisir.

Vevey est la plus jolie petite ville de la Suisse : située tout à fait au bord du lac, elle occupe le fond
d'une charmante vallée qui descend du pays de

Gruyère et des montagnes de *Jorat*. Entourée de jolis vignobles qui tiennent un espace de trois lieues le long du lac, et qui sont cultivés avec un soin admirable; abritée des vents du nord par les hautes montagnes contre lesquelles elle est presque adossée; baignée en quelque sorte amoureusement par ce beau lac, dont l'aspect semble encore revêtir ici quelque chose de plus romantique, Vevey est bien le pays fait pour un Saint-Preux et pour une Julie! et quand Rousseau y plaça les héros de son roman, il savait que Vevey, Clarens, Montreux, et tout ce délicieux pays, témoigneraient toujours de la vérité de ses tableaux, de la naïveté de ses récits, de la douceur et de la poésie de ses descriptions. — Oh! comme je fus doucement ému en parcourant ces lieux immortalisés par la plume la plus éloquente du dix-huitième siècle! Comme mon imagination qui, à vingt ans, s'était si amoureusement bercée de ces délicieuses peintures, aimait aujourd'hui à se retrouver en face de ces souvenirs! Comme j'étais heureux de fouler cette terre classique du roman, de parcourir ce pays de Julie et de Saint-Preux, de me rassasier de la vue de ces paysages enchanteurs que j'avais tant rêvés, tant désirés, tant chéris! Une espèce d'attendrissement religieux, de suave mélancolie, s'était emparée de mon âme; j'avais un instant quitté mes compagnons; j'étais seul au bord du lac, le regard tantôt fixé sur ces charmants villages de Clarens, de Montreux, de la Tour-de-Peilz, et tantôt sur ces eaux d'un bleu si tendre, sur ces vagues si molles qui venaient expirer si doucement à mes pieds. Tout cela me plongeait dans une douce rêverie; mon cœur se reportait naturellement vers les objets de son affection; je pensais, je me souvenais, je regrettais, j'aimais..... Pourquoi donc étais-je seul ? Ah ! si *elle* eût été là , il y avait de quoi mourir de bonheur !

L'arrivée de mes deux compagnons de voyage vint me tirer de ma rêverie. Nous rentrâmes dans la ville; nous déjeûnâmes, et puis nous voulûmes assister pendant une demi-heure à l'exercice du tir qui venait de commencer. Les carabiniers vaudois sont d'une adresse remarquable ; avec de longues et lourdes carabines, que nos chasseurs français auraient de la peine à soutenir, ils ajustent, à cent cinquante pas, un but quelconque, et de cette distance mettent une balle dans un chapeau.

Nous remarquâmes plusieurs coups d'adresse vraiment extraordinaires, mais nous n'attendîmes pas la fin de la lutte, qui d'ailleurs devait se renouveler pendant trois jours, d'après l'usage du pays, les tireurs des cantons voisins étant invités à venir prendre part à la fête pour les jours suivants. —Nous partîmes de Vevey; et à travers le joli village de la Tour-de-Peilz et celui de Clarens, nous nous dirigeâmes vers Montreux, le plus beau et le plus riche de toute la contrée, le seul, nous dit fièrement un brave paysan, *qui n'envoie pas ses filles servir à Genève.* Cette situation de Montreux est vraiment ravissante : un coteau d'environ une lieue d'étendue, tout garni d'arbustes en fleurs, de vignes, de beaux massifs de marroniers,

de charmantes maisons éparses de tous côtés, de hameaux et de villages tous plus jolis les uns que les
autres ; au bas de ces coteaux des prairies et des vergers qui se prolongent jusqu'aux bords du lac ; au-dessus de Montreux, le vieux château du *Chatelard*, et
à droite de celui de *Blonay*, qui l'un et l'autre, par
leurs masses imposantes, contrastent avec la gaîté du
paysage ; enfin, et au-dessus encore, les Alpes vau-
doises formant le dernier plan, et terminant le tableau.

De Montreux, en nous rapprochant du lac, nous
vînmes à *Chillon*, et là nous fîmes encore une station.
Chillon est un château fort, construit, en 1258, par
Amédée IV, comte de Savoie, sur un rocher qui
s'élève au bord du lac, et qui a l'air de sortir de ses
eaux. C'est une ancienne prison d'état, dont la vue ré-
veille des souvenirs pénibles : là languit enchaîné, pendant six ans, François Bonnivard, prieur de Saint-
Victor à Genève, l'un des hommes les plus éclairés de
son temps, et le plus zélé défenseur des libertés de
son pays. On voit encore aujourd'hui l'anneau de fer
auquel il était attaché ; et le pilier est fortement empreint du frottement de sa chaîne. C'est la vue de
cette vieille forteresse de la tyrannie, qui a inspiré à
lord Byron son beau poëme du *Prisonnier de Chillon*,
cette noble et touchante description des tortures mo-
rales d'un malheureux prisonnier politique, qui voit
mourir ses deux frères enchaînés à côté de lui, sans
pouvoir leur porter secours ; ce cri sublime du désespoir ; cette longue agonie du martyr de la liberté que
l'âme du poëte a si bien comprise, et qui se termine

par une véritable mort morale ; le désespoir triomphant de tout autre sentiment, et s'emparant à ce
point du cœur du prisonnier, qu'*il n'aime plus rien
que sa prison !* — Plus tard Byron composa encore,
sur la captivité de Bonnivard, son beau sonnet :

> Eternal spirit of the Chainless mind !
> Brightest in dungeons, liberty ! Thou art,
> For there thy habitation is the heart.
>
> . . . .

Chillon est aujourd'hui un dépôt d'armes et de munitions de guerre ; l'écusson du canton de Vaud et sa
légende : *Liberté et patrie*, peints sur les murs blanchis à neuf, annoncent que le règne de la féodalité
est passé, et adoucissent les douloureux souvenirs
qu'inspire le premier aspect de ce vieux donjon.

A un quart de lieue de Chillon, on trouve Villeneuve,
joli village situé à l'extrémité du lac, et en avant duquel nous remarquâmes une petite île plantée de deux
ou trois peupliers, la seule que nous eussions vue
dans toute l'étendue du lac. — A Villeneuve, une
jolie voiture, *la Dame du lac,* que nous trouvâmes
sur le port, nous prit pour nous conduire à Saint-
Maurice ; et nous dîmes adieu pour quelques temps
au lac de Genève.

Nous avions arrêté la veille un voyage au *Grand-
Saint-Bernard*, et de là à *Chamouny*, et nous désirions aller coucher à *Martigny*, point qui nous rapprochait également de ce double but.

4

V.

VOYAGE AU GRAND-SAINT-BERNARD.

LA route de Villeneuve à Saint-Maurice suit la rive droite du Rhône, et offre de chaque côté les paysages les plus mélancoliques : à droite, de belles montagnes au-dessus desquelles s'élève *la Dent du Midi*, et à leurs pieds, la route de Savoie, l'abbaye de Monthey, son haut clocher en obélisque, et ses sombres bois de châtaigniers, puis le fleuve et les grasses prairies dont il est bordé; à gauche, de beaux villages : *Aigle*, *Bex*, et d'autres encore dont le nom m'échappe; puis des vignes, des bois et de beaux rochers qui forment les gradins de la *Dent de Morcle*. Ici la vallée se resserre, et la route suit de près le lit du Rhône, qui est encaissé profondément dans les rochers. Nous voici sur la limite du canton de Vaud et du Valais; nous passons sur le pont de Saint-Maurice; nous traversons rapidement la petite ville, et une heure après nous arrivons devant la fameuse cascade de *Pisse-Vache*.

Qui que vous soyez , arrêtez-vous ici , et contemplez ce grand et sublime spectacle : d'une hauteur de
trois cents pieds environ , une énorme masse d'eau ,
qui s'est creusé un lit entre deux rochers sauvages ,
tombe perpendiculairement sur un tertre adossé à la
montagne , et où s'est formé un bassin profond. De
ce gouffre où la cascade se précipite avec un bruit
effrayant , l'onde est revomie en tourbillons de poussière et de pluie qui couvrent toute la route , et se
répandent dans la vallée. Le fond de ce tableau se
compose d'âpres et noirs rochers taillés à pic et cou-
ronnés d'une belle verdure. La route est au pied de
la cascade , et , à gauche , le Rhône enfermé dans
une étroite vallée. Il y a là de quoi rêver des heures
entières , et ce paysage a quelque chose de grand et
de sauvage qui vous retient et vous saisit d'une sorte
d'admiration et de terreur, où votre âme se complaît.
Vous ne pouvez détacher vos regards de cette belle
chute d'eau ; le bruit vous effraie , mais vous attache
en même temps ; le lieu vous paraît imposant et sévère , mais il n'est pas dépourvu de grâce et d'at-
trait. Quand vous avez admiré long-temps , et que
vous voulez continuer votre route , vous retournez
vingt fois la tête pour admirer encore , et cela jusqu'à ce que vous ayez entièrement perdu de vue la
cascade. Pour nous, qui nous arrêtâmes là au moins
une heure , je ne sais quand nous en serions partis ,
si la nuit, qui s'avançait à grands pas , ne nous eût
avertis qu'il fallait trouver un gîte , et ménager nos
forces pour le lendemain. — Nous n'étions plus qu'à

une lieue de *Martigny*, et nous doublâmes le pas pour y arriver avant que la nuit fût trop sombre. A peu de distance de *Pisse-Vache*, nous remarquâmes la gorge étroite et sauvage d'où sort en écumant le *Trient*, torrent impétueux, qui, tout près de là, se jette dans le Rhône ; enfin, nous arrivâmes à *Martigny*, un peu fatigués à la vérité, mais contents du bon emploi de notre journée, et l'âme remplie de toutes les émotions que nous avait inspirées une nature si variée, si attachante, si pleine de poésie.

Un excellent souper et de bons lits nous remirent des fatigues du voyage ; et le lendemain, à cinq heures, nous étions prêts à partir pour le *Grand-Saint-Bernard*. — Le soleil s'était levé magnifique, et, du vieux château de Martigny, où nous étions montés en attendant le guide que nous avions demandé au commissaire du gouvernement chargé de la surveillance de ce service, nous découvrions tout le Bas-Valais et le cours du Rhône, et la route d'Italie et du Simplon, et la jolie petite ville de Sion dominée par ses trois châteaux. — Mais c'était une nature plus sauvage que nous devions visiter ce jour-là ; et comme pour aller au Grand-Saint-Bernard, nous avions dix lieues à faire à pied, nous partîmes, sous la conduite d'André Girou, ancien soldat, qui s'était adjoint, pour nous guider, un gros et lourd Valaisan, qui désirait se faire nommer *guide en titre*, fonctions assez lucratives dans ce pays, et qu'ambitionnent beaucoup de jeunes paysans.

Nous voilà donc, mes deux amis et moi, le sac au

dos, et le long bâton ferré à la main, en route pour le Grand-Saint-Bernard. En vérité, j'osais à peine y croire, moi parti depuis si peu de jours de la maison paternelle ; moi, que ma mère croyait peut-être à quelques lieues d'elle, j'étais là au pied des glaciers, sur les confins de la Suisse et de l'Italie, allant, de ma vie aventureuse, chercher des dangers, des émotions, des fatigues, et tout cela pour obéir à cet insatiable besoin de nouveauté, à cet ardent désir de voir et de savoir, à cette irrésistible vocation de voyageur, qui m'ont tourmenté toute ma vie !

Déjà nous avions traversé le bourg de Martigny, et laissé à droite le chemin qui mène au col de la Forclaz et à Chamouny ; nous suivions, en cotoyant le torrent de la *Dranse*, un chemin assez doux, bordé d'un côté de prairies et de vignobles, et de l'autre, de rochers taillés à pic ; nous approchions du village de *Saint-Branchier ;* près de là, deux modestes croix de bois, plantées sur le bord du chemin, nous apprirent, par leurs inscriptions, qu'en 1831, un éboulement des rochers, au pied desquels nous marchions depuis un moment, avait écrasé deux voyageurs dont les tombes étaient marquées par ces deux croix. — Plus haut, nos guides nous montrèrent l'endroit où, en 1818, une énorme avalanche de glaces et de rochers vint se placer au milieu du lit du torrent, et opposer à son cours une digue qui fit refluer les eaux dans toute la vallée, à tel point que les paysans nomment encore cet événement *le Déluge de* 1818. — Avant d'arriver au village, la route passe sous une voûte taillée dans le roc, et cette voûte, appelée dans le pays *grotte de Saint-Branchier*, est d'un effet très-pittoresque. — Plus près du village encore, on remarque, au sommet d'un mont de forme conique, et tout couvert de bois, un ermitage aujourd'hui abandonné, mais qui eut long-temps dans le pays de la célébrité. A côté de l'ermitage, une petite chapelle, surmontée d'un clocher qu'on aperçoit de loin, donne à ce point de vue un aspect encore plus intéressant ; et si le voyageur n'entend plus le son argentin de la cloche de l'ermite, du moins il aperçoit encore cette cloche, qui, malgré l'isolement du lieu et l'abandon de l'ermitage, a été respectée par les habitans du pays. — *Saint-Branchier* est un beau village où vient aboutir le val de Bagnes, qui a dix lieues de long, et qui se termine par un énorme glacier, d'où sort le torrent de la Dranse. Un peu plus haut, on trouve le village d'*Orsières*, au sortir duquel vous avez devant vous le joli vallon qui mène au *Col-Ferret*. Au bout de ce vallon, est placé le plus joli petit village du monde : un paysage vraiment ravissant, devant lequel nous nous arrêtâmes quelques instants, et qui nous parut d'une fraîcheur, d'une grâce, d'un charme tout particuliers ; de belles prairies émaillées de fleurs, des vergers, des vignes en fleur embaumant l'air de leurs parfums, des jardins couverts de roses, de jolies petites maisons annonçant, par leur extérieur, l'aisance et la propreté, et tout cela presque au pied des glaciers ; et de hautes et majestueuses montagnes encadrant ce joli tableau, et contrastant.

par leur sévérité, avec la grâce et la suavité du paysage ; puis, à peine sortis du coude que forme la route
en suivant ce vallon, un point de vue tout à fait différent de celui que nous quittons ; une gorge étroite
et profonde, au fond de laquelle bondit avec fracas
un torrent qui descend du Saint-Bernard; des montagnes de schiste bordant le chemin à droite, et se
présentant en couches, ou plutôt en immenses feuilles
de deux pouces d'épaisseur, qu'on sépare avec une
étonnante facilité. A gauche, et presque à pic au-
dessus du torrent, de beaux pâturages alpestres,
d'immenses troupeaux de vaches, des chalets répandus sur tout le coteau, et çà et là des hameaux et
des villages jetés, comme par accident, au milieu
de cette nature si pittoresque et si variée. Nous approchions de la petite paroisse de *Liddes* ; la route
devenait plus montueuse et plus difficile, les cultures
plus rares, le pays plus sauvage ; nous avions besoin
de repos et de nourriture, car nous marchions depuis
cinq heures, et le soleil était très-chaud ; nous fîmes
donc une petite halte à *Liddes ;* on nous y servit un
déjeuner assez confortable, et surtout d'excellent vin
blanc qui rétablit un peu nos forces, et nous mit en
état de continuer notre route à pied. —De Liddes,
on arrive dans une heure à *Saint-Pierre*, dernière
paroisse du Valais, sur la route du Saint-Bernard ;
ici le chemin devient encore plus montueux et plus
escarpé ; il est tracé sur le bord d'un précipice affreux, au fond duquel mugit le torrent ; c'est là
qu'au mois de mai 1800, le premier consul Bona-

parte faillit être précipité par son cheval, et ne dut
son salut qu'à la présence d'esprit de son guide, qui
habite encore Martigny, et jouit d'une pension qui
lui fut assurée en reconnaissance de ce service. André
Girou ne manqua pas de nous rappeler cette circonstance, et cela uniquement pour la plus grande gloire
des guides de Martigny; mais, en prononçant le nom
de Bonaparte, quels souvenirs il venait de réveiller
dans l'âme des voyageurs! Cette route du Grand-
Saint-Bernard, que nous gravissions depuis le matin,
était la route qu'avaient suivie jadis les légions romaines
marchant à la conquête des Gaules ou de l'Helvétie;
c'était la route qui avait conduit, il y a trente-cinq
ans', nos immortelles demi-brigades sur le champ
de bataille de *Marengo;* ce chemin si affreux, suspendu sur des torrents et des précipices, avait servi
à l'artillerie française qui foudroya les colonnes 'au-
trichiennes; ces rochers sauvages avaient retenti de
nos chants nationaux; les pieds de Bonaparte, de
Lannes et d'une foule de héros étaient en quelque
sorte encore empreints sur ce sentier; et nous, Français d'un autre âge, nous étions fiers de ces souvenirs, et notre cœur battait d'une noble émotion, et
nous rêvions de la patrie et de sa gloire !...

Sous l'empire de ces souvenirs, nous continuâmes
notre route avec plus de plaisir et de courage; nos
forces physiques commençaient à s'affaiblir, mais le
moral nous soutenait; il n'en était pas de même de
notre deuxième guide qui, faisant ce voyage pour la
première fois, et n'étant soutenu par aucun des sti-

mulants qui nous animaient, commençait à se laisser aller à un découragement fort dangereux et à une
somnolence qui lui serait devenue funeste , si nous ne
l'avions énergiquement combattue. Ce malheureux
s'asseyait à chaque instant, et nous demandait grâce ;
il ne pouvait plus marcher, et voulait à toute force
que nous le laissions sur le chemin ; mais nous sentions qu'il y aurait inhumanité à l'abandonner ainsi,
et nous le forçâmes de marcher avec nous. — Nous
approchions du sommet de *Prau*, dernière station
qu'on trouve de St-Pierre au couvent, situé encore
à deux lieues de là. La végétation devenait plus rare,
l'aspect du pays plus sauvage ; encore quelques troupeaux de vaches ou de chèvres, encore quelques sapins et quelques mélèzes ; mais bientôt plus de traces
de végétation , des rochers nus et menaçants , des
neiges éternelles , des glaciers , des torrens , des cascades, des montagnes d'une hauteur prodigieuse , une
nature triste , sauvage , affreuse , mais grande et sublime.

Nous avions gravi le chemin ou plutôt le sentier
qui borde le torrent de *Valsorey*, et admiré la belle
cascade que forme ce torrent ; nous avions cueilli les
dernières violettes , et depuis quelques instans , nous
ne marchions plus que sur la neige. — Au chalet du
Prau, une bonne et gracieuse paysanne nous fournit
de l'eau-de-vie et du pain , et après nous être reposés
cinq minutes , et nous être mutuellement encouragés ,
nous recommençâmes à gravir la montagne ; mais ,
pour arriver au couvent, nous avions encore deux

heures de fatigue à essuyer, et nos forces commençaient à s'épuiser. Nous étions dans la neige jusqu'aux genoux ; la route n'était plus indiquée que par de grands poteaux placés dans la direction du couvent, et dont beaucoup étaient à moitié cachés dans la neige ; nous étions au pied du mont *Vélan*, aiguille majestueuse, dont le sommet est à trois mille cinq cents mètres au-dessus du niveau de la mer ; devant nous, le beau glacier de *Menouë* réflétait sous mille formes différentes les rayons du soleil couchant ; nous montions toujours ; l'air devenait plus rare. et nos poumons jouaient plus difficilement ; à chaque instant, nous nous arrêtions pour reprendre haleine ; une sueur froide coulait de tous nos membres ; cependant nous n'étions encore qu'à *l'Hôpital;* c'est ainsi qu'on nomme deux petites cabanes en pierres, construites à une lieue au-dessous du couvent, et qui servent, l'une d'abri aux voyageurs qui, ne pouvant aller plus loin, sont obligés d'attendre les secours des bons religieux, et l'autre de dépôt pour les cadavres trouvés dans la neige. Il y en avait dans ce moment deux ou trois placés le long de la muraille, au fond de la cabane, et que le guide nous assura être là depuis l'hiver précédent. Nous remarquâmes qu'aucune espèce de corruption ne les avait atteints ; et ce nouveau genre de momies, dû uniquement sans doute à la température toujours excessivement froide qui règne dans ces contrées, nous surprit, mes compagnons et moi, au point que nous ne savions qu'en penser. Dans tous les cas, cette vue était peu at-

trayante pour nous, et après un instant de halte,
nous poursuivîmes notre route, bien décidés les uns
et les autres à ne pas faire sur nous-mêmes l'essai de
cette *momification* que nous nous contentions d'avoir
observée en passant.

Enfin, après une heure encore de fatigue et de
souffrance, après avoir été obligés de traîner en
quelque sorte notre deuxième guide *à la remorque*,
pour ne pas le laisser périr dans la neige, nous parvînmes au couvent. Dire avec quel bonheur ma main
s'empara de la sonnette, avec quelle reconnaissance
je serrai celle du bon religieux qui vint nous ouvrir,
et combien je fus touché de tous les soins qu'on nous
prodigua, soins qui tiennent tout à fait de l'hospitalité antique, c'est dire que je me sentis ramené à
la vie ; que j'oubliai dans un instant toutes mes fatigues ; que mon âme attristée et découragée par les
souffrances physiques endurées depuis trois heures,
se rouvrit tout à coup aux douces émotions, aux glo-
rieux souvenirs, aux nobles espérances ; c'est dire,
en un mot, tout ce qu'a de puissance et de vertu sur
l'âme du pauvre voyageur, cette douce et admirable
charité, qui porte des hommes à se dévouer au service
et au soulagement d'autres hommes qui souffrent.

A peine entrés dans la maison, nous fûmes conduits, mes deux amis et moi, dans une chambre
d'une propreté remarquable. Un domestique vint nous
essuyer les pieds, nous donner de nouvelles chaus-
sures, nous réchauffer, nous laver, nous prodiguer
les soins les plus minutieux. Puis, le sous-prieur du

couvent, M. l'abbé Barras, vint nous prendre pour nous conduire au salon, où nous trouvâmes un bon feu, et chacun une excellente tasse de thé à la crême qui rétablit promptement chez nous la chaleur intérieure.

Après nous être bien reposés, nous demandâmes à visiter le couvent, et M. Barras nous en fit les honneurs avec une bonté toute particulière. Entrés d'abord à l'église, nous rendîmes grâces à la Providence des voyageurs; puis, nous admirâmes les belles fresques dont la voûte de cette église est ornée, les stalles d'un travail si parfait qui décorent le chœur, et, au fond de la chapelle, à gauche de la grande porte, le beau mausolée qui renferme le corps du brave Désaix, du héros dont la mort paya si cher la victoire de Marengo, et dont le premier consul voulut confier les restes à la garde des bons religieux du Grand-Saint-Bernard, héros d'un autre genre, héros de l'humanité et de la charité chrétienne, dont le noble dévouement avait inspiré à Bonaparte une admiration sincère que toute l'armée avait partagée.

De la chapelle, notre respectable hôte nous conduisit à la bibliothèque et au cabinet d'histoire naturelle, où nous remarquâmes une assez belle collection de minéraux : puis, à côté du salon, nous vîmes un petit cabinet de médailles, riches surtout en médailles romaines trouvées dans les ruines du temple de Jupiter, qu'on assure avoir existé tout près du lieu où est aujourd'hui situé l'hospice, assertion qui se trouve confirmée par le nom de *Mons-Jovis*, et plus tard de *Mont-*

Joux, qu'a porté long-temps le mont Saint-Bernard.
— Sur un des vitraux du cabinet de médailles, est
une des plus jolies et des plus gracieuses peintures que
j'aie vues de ma vie : une sainte Cécile, ouvrage d'un
peintre Lyonnais, qui a retrouvé, dit-on, le secret
si long-temps perdu des couleurs que nous admirons
sur les vitraux de nos vieilles cathédrales. — Ensuite
M. Barras nous fit voir les cellules des chanoines, qui
sont tout simplement de petites chambres séparées
l'une de l'autre par des cloisons de bois, et chauffées
par des tuyaux de chaleur qui partent d'un immense
fourneau établi dans la cuisine, précaution sans laquelle ces cellules ne seraient pas habitables, la température ordinaire du mont Saint-Bernard étant presque toujours au-dessous de glace, et descendant le
plus souvent en hiver à vingt-quatre et vingt-six degrés du thermomètre Réaumur.

Après avoir ainsi visité l'intérieur de la maison,
nous sortîmes pour aller voir d'abord les chiens, ces
beaux chiens du St-Bernard, dont l'instinct est connu
dans le monde entier, et qui partagent en quelque
sorte avec les bons religieux la reconnaissance pu-
blique; et ils la méritent en effet, ces nobles animaux
qui, au milieu d'une nature si sauvage, peuvent garder un naturel si bon et si doux, et qui, à travers
les glaces, les neiges éternelles et la tourmente la
plus affreuse, savent chercher le pauvre voyageur
égaré, le deviner, le sentir, le trouver et le ramener dans l'asile où l'attend la bienfaisante hospitalité. Tout le monde sait que, pendant la mauvaise

saison, les religieux du Grand-Saint-Bernard vont chaque jour à la recherche et au secours des voyageurs égarés, et que, depuis la fondation du couvent, des milliers de personnes ont été de la sorte sauvées d'une mort certaine. Ce passage est un des plus fréquentés pour aller en Italie; chaque année, sept à huit mille voyageurs passent sur le mont Saint-Bernard, et souvent, lorsque le temps est beau, et la route parfaitement sûre à trois ou quatre lieues au-dessous, la tempête règne sur la montagne, et rend le passage excessivement dangereux; on conçoit dès lors combien de malheureux ont dû périr dans cette traversée, et combien est utile et philantropique l'idée qui, au dixième siècle, inspira à saint Bernard de Menthon, chanoine d'Aoste, la fondation d'un couvent et d'un hospice pour les voyageurs, sur le point le plus élevé du passage.

La maison du Saint-Bernard est située à deux mille cinq cent vingt-quatre mètres au-dessus du niveau de la mer; on la regarde en conséquence comme une des habitations les plus élevées de l'ancien monde; le mont Vélan, qui tient au Saint-Bernard, a trois mille cinq cents mètres au-dessus de la mer. Il règne dans ces contrées un hiver éternel : des glaces et des neiges qui ne fondent jamais, un ciel presque toujours brumeux, des rochers menaçants, d'énormes glaciers qui vous entourent de tous côtés; mais pas un arbre, pas un buisson, pas un signe de végétation. — Le couvent est construit au bord d'un petit lac qui, le 27 juin, était encore couvert d'une glace épaisse ; c'est un long paraléllogramme qui occupe avec la cour et un autre bâtiment supplémentaire , tout l'emplacement du col étroit et resserré que forment deux montagnes situées à droite et à gauche. — A cinquante pas de la maison, est la frontière d'Italie, indiquée par une petite colonne que nous allâmes visiter; et un peu plus loin, est un grand rocher d'une surface si unie et si polie, qu'on croirait voir un immense miroir. — M. Barras, qui était sorti avec nous, avait appelé les chiens ; et, au nombre de sept ou huit, ils étaient autour de nous, sautant, courant sur la neige, venant nous lécher, nous caresser, nous dire, dans leur langue bien facile à comprendre, que nous étions pour eux des amis, et qu'ils étaient contents de nous voir. C'est ainsi que dans cette noble maison de bienfaisance et de charité vraiment chrétienne, tout vous est hospitalier : maître, domestiques et chiens ; et certes, le dévouement de ceux-ci n'est pas, dans l'occasion, le moins sûr ni le moins remarquable.

Il était déjà tard, le froid devenait beaucoup plus vif ; nous rentrâmes au couvent ; une famille anglaise venait d'y arriver par le val d'Aoste, et nous attendîmes, pour dîner, que les nouveaux venus fussent reposés. Mais, en attendant le dîner, je demandai de l'encre et du papier, et j'écrivis. Ecrire du mont Saint-Bernard ; envoyer à son amie des violettes qu'on vient de cueillir au pied des glaciers ; lui dire que là comme ailleurs son souvenir vous a suivi ; consigner sur le registre des voyageurs sa pensée la plus chère ;

recommander, en quelque sorte, à ceux qui viendront après vous un nom que vous aimez, et confier
le secret de son cœur à cet asile de charité et d'amour;
c'était pour moi un véritable bonheur, et je me gardai
bien de le négliger.

J'écrivais encore, quand notre excellent sous-prieur
vint m'avertir que le dîner était servi; je passai dans
la salle à manger, et j'y trouvai réunie auprès d'un
grand feu une société que n'aurait certes pas désa-
vouée un salon de la capitale : une dame anglaise avec
une demoiselle charmante, et deux jeunes gens d'une
excessive politesse, le docteur C....., médecin de
l'Hôtel-Dieu de Lyon, et naturaliste distingué, l'abbé
Barras, sous-prieur du couvent, faisant, en l'absence
du prieur, les honneurs de la maison, et MM. Hippolyte A... et Amédée S..., mes deux aimables compagnons de voyage, étaient en cercle autour du feu;
et quand j'arrivai, un des jeunes Anglais captivait
l'attention du cercle par les détails d'un voyage ré-
cent qu'il avait fait au Vésuve. — On se mit à table,
et tout le monde fit honneur à l'excellent dîner qui
nous fut servi. Après le dîner, on se rapprocha du
feu; la conversation devint plus générale; nos Anglais,
qui avaient passé l'hiver à Naples, nous parlèrent de
ce beau pays, de ce doux climat, de ce ciel d'Italie,
dont le souvenir contrastait singulièrement avec un
séjour au Grand-Saint-Bernard. — Puis, le sous-prieur
nous parla de la Suisse, de ses mœurs, de son gouvernement; il entra dans beaucoup de détails sur
l'établissement du Saint-Bernard, fondation de la fin

du dixième siècle, enrichie plus tard par la générosité des princes et des particuliers, dotée par Bonaparte, dépouillée, en 1815, par le roi de Sardaigne, et aujourd'hui soutenue seulement par le zèle de quelques pauvres religieux, et le produit des quêtes qu'ils font dans les pays voisins. — Nous admirâmes, dans la simplicité de ses récits, cet esprit de charité chrétienne, de modestie, de vertu vraiment évangélique, que tout nous avait déjà révélé, depuis notre entrée dans cette noble maison. Nous comprîmes, en écoutant ce prêtre respectable, qu'il y avait quelque chose au-dessus de l'humanité dans ce dévouement si pur, si désintéressé, si constant, qui portait des hommes à consacrer toute une vie à cette pénible tâche de souffrance et de charité dont nous, gens du monde, nous sentions si peu capables. Le sentiment religieux qu'on retrouve toujours dans ce que les établissements du moyen âge offrent de plus grand et de plus beau, nous expliqua mieux que tout le reste, et l'idée qui avait fondé, et l'idée qui avait conservé l'hospice du Saint-Bernard. — Ainsi se révèle, même dans ce qui paraît le plus propre, le plus personnel à l'humanité, la main d'une Providence au-dessus de tous les desseins de l'homme. Ainsi Dieu sait se faire comprendre par la charité, par l'amour, par les bienfaits de l'homme envers son semblable.... !

Nous passâmes de cette manière une soirée fort agréable ; notre hôte était vraiment aimable, et nos Anglais fort intéressants ; je devais le lendemain me séparer de mes deux amis qui passaient en Italie, par le val d'Aoste, et ma bonne fortune m'avait déjà procuré un nouveau compagnon de voyage, le docteur C...., dont j'ai déjà parlé, et avec lequel nous convînmes de partir ensemble pour Chamouny et le Mont-Blanc.

Le lendemain, tout le monde était levé de grand matin ; mais la nuit avait été terrible ; le thermomètre Réaumur marquait treize degrés au-dessous de zéro, et il était tombé une grande quantité de neige ; nous étions cependant au 28 juin, et les habitants eux-mêmes du mont Saint-Bernard regardaient ce temps comme extraordinaire pour la saison. Toutefois, après avoir consulté nos guides, nous nous décidâmes à partir chacun de notre côté ; mais, avant tout, nous assistâmes à la messe, où nous trouvâmes réunis tous les religieux au nombre de quinze ou seize, tous portant le camail violet, c'est-à-dire les insignes du canonicat ; car tous ces braves gens sont chanoines, mais chanoines autrement qu'on ne l'entend partout ailleurs. Après la messe, nous déjeunâmes tous ensemble ; puis je remerciai de toute mon âme nos respectables hôtes ; je dis adieu à mes deux amis ; je pris congé de tout le monde, et, les larmes aux yeux, je partis avec le docteur C... et nos guides, pour nous rendre à Chamouny, ou au moins dans cette direction. Le chemin que nous prîmes était le même que nous avions suivi la veille ; mais il était devenu bien plus dangereux, et ce ne fut qu'avec beaucoup de peine, et en marchant dans la neige jusqu'à la ceinture, que nous parvînmes au chalet du *Prau*, après deux heures de souffrances et de dangers. Ces deux heures sont bien certainement les deux plus pénibles de ma vie, physiquement parlant ; et je ne compris que là combien il doit être horrible de mourir de froid. Arrivés au chalet, nous reprîmes un peu courage, et, malgré le mauvais temps, nous continuâmes notre route. Jusqu'à *Saint-Pierre*, nous souffrîmes encore beaucoup ; le vent du nord nous prenait en face, et nous portait la neige ou plutôt les glaçons dans la figure ; une brume épaisse nous enveloppait, et nous dérobait la vue des montagnes les plus voisines ; un froid cuisant se faisait sentir, et, malgré la marche, engourdissait nos membres, et gelait notre souffle sur nos lèvres. Enfin, nous atteignîmes le village de *Saint-Pierre*, et là nous fûmes sauvés. — Après un repos d'une heure, et un dîner assez confortable, nous poursuivîmes notre route ; le temps s'était un peu calmé ; les nuages qui nous cachaient les rayons du soleil, commençaient à s'éclaircir, et déjà nous apercevions, dans le fond du vallon, les massifs de sapins et de mélèzes, non plus verts et frais comme la veille, mais chargés de frimas et de neige, comme ils le sont en France au mois de janvier.

A *Liddes*, la neige avait déjà cessé ; à *Orsière*, deux lieues plus bas, nous retrouvâmes la verdure, un soleil bienfaisant, et de jeunes paysannes vêtues de blanc, qui allaient en procession au-devant de l'évêque de Sion, qui devait, ce jour-là, venir donner la confirmation dans cette paroisse. — A *Saint-Branchier*, nous

avions retrouvé l'été ; et une lieue plus bas, à *la Valette*, nous marchions au milieu des vignobles et des
prairies couvertes de fleurs , et pourtant nous n'étions
qu'à huit lieues du mont Saint-Bernard... ! C'était un
jour de dimanche ; les villages que nous traversions
étaient animés par le son des cloches , par l'affluence
des paysans , par les costumes gracieux et variés des
paysannes , et dans tout cela, nous remarquions un
air de propreté, d'aisance, de politesse même , qu'on
trouverait difficilement dans beaucoup de nos provinces. En Valais , les paysans portent tous le chapeau rond, l'habit à la française, et la culotte courte ;
le costume des femmes est élégant et gracieux : un petit
chapeau de paille, doublé en rose , qui , par derrière,
laisse passer de belles nattes de cheveux nouées avec
des rubans , et retombant sur les épaules , et par devant laisse voir tous les traits de la figure ; un joli cor-
sage brun ou noir , dont la forme dessine admirable-
ment les contours d'une taille svelte , et laisse à dé-
couvert le cou et une partie des épaules ; une jupe
verte ou rouge qui descend seulement jusqu'à la moitié de la jambe ; enfin , une chaussure appropriée à
tout le reste , et complétant parfaitement cet ensemble
gracieux et élégant : tel est à peu près le costume des
Valaisannes. Nous nous arrêtâmes plusieurs fois pour
questionner ces braves gens, et toujours leurs réponses
furent polies et obligeantes. Les jeunes filles riaient de
bon cœur, lorsque nous plaisantions avec elles, et nous
appelaient quelquefois *fous de Français*, en accom-

pagnant cette épithète d'un coup d'œil malin et aga-
çant. Les hommes nous voyaient sans jalousie nous
occuper de leurs femmes. En somme, c'est un pays
essentiellement hospitalier ; et , sauf leur amour pour
l'argent , devenu tout à fait proverbial , tous ces Suisses
sont vraiment d'excellentes gens.

VI.

VALLÉE DE TRIENT, VALLÉE DE CHAMOUNY, ET SES GLACIERS.

En quittant Saint-Branchier et la Valette, nous descendîmes jusqu'au hameau de *la Croix*. Laissant Martigny à droite, nous prîmes le chemin de *la Forclaz*, et, par un sentier étroit et montueux, nous nous dirigeâmes vers le col de ce nom, dans la direction du Mont-Blanc et de Chamouny.

A mesure que nous avancions, nous découvrions devant nous les sites les plus agrestes, les paysages les plus variés : de nombreux chalets couvrant les coteaux à droite et à gauche, d'immenses troupeaux de vaches répandus çà et là dans les plus beaux pâturages du monde. — Derrière nous, se déployaient tout le *Bas-Valais*, la petite ville de *Martigny* flanquée de son vieux château, la route du *Simplon*, et toute la vallée marécageuse arrosée par le Rhône ; dans le lointain, *Sion* et ses trois châteaux éclairés par le soleil couchant ; au fond du tableau , les sommets de la *Gemmi* et du *Grimsel*, se montrant au-dessus des nuages , et laissant voir de temps à autre leurs éter-nels glaciers.

Non loin du col de *la Forclaz*, nous passâmes de-vant un chalet renversé, un mois auparavant, par le seul souffle d'une avalanche qui s'arrêta à cent cin-quante pieds de là ; et ce fait avancé par un de nos guides , nous fut confirmé par tous les habitans du pays.

Enfin , nous arrivâmes au sommet de la montagne ; le soleil était près de se coucher , nous jetâmes un dernier regard sur le beau pays que nous laissions derrière nous , et nous descendîmes dans la petite vallée de *Trient*. — Au milieu de cette vallée , dont la fraîcheur et la verdure contrastaient admirable-ment aves les sombres rochers de *Tête-Noire* qui la bornent au nord , et le glacier de Trient qui la limite du côté opposé , s'élèvent une douzaine de maisons ou plutôt de chalets, dont l'aspect nous réjouit , parce que ce devait être là notre gîte pour la nuit , et que nous étions fatigués. — Notre guide nous conduisit dans celui de ces chalets dont l'extérieur annonçait le plus d'aisance et de propreté ; une femme , jeune encore , et qui avait dû être fort belle , nous reçut avec un empressement et une politesse qui, en France, seraient remarqués de la part de nos premières maî-tresses d'hôtel. Nous lui demandâmes à souper , et pendant qu'elle s'occupait à le préparer , elle nous fit passer dans une pièce voisine , où nous trouvâmes réunies trois ou quatre jeunes filles qui paraissaient être de la maison. Rosalie, la plus grande de ces jeunes filles, était venue le matin même de la ville, c'est-à-dire de Martigny, pour visiter ses cousines. Rosalie était une jolie brune aux beaux cheveux et aux grands yeux noirs; elle était d'une fraîcheur remarquable; et comme c'était dimanche, elle portait ce jour-là le joli costume valaisan que j'ai décrit déjà. — La présence de deux étrangers ne l'embarrassa point; et quoiqu'elle eût rougi un instant, lorsque nous entrâmes, elle répondit avec beaucoup de grâce à nos complimens. Bientôt nous fûmes de vieilles connaissances, et bientôt aussi j'oubliai entièrement les fatigues de la journée pour me livrer au charme de cette heureuse rencontre; le bon docteur fut d'une complaisance extrême; il amusa les petites filles pendant que je m'occupais de la plus grande; et, grâce à la gentillesse de Rosalie, au bon souper que nous servit l'hôtesse, à un beau clair de lune qui nous invita à faire, après souper, une promenade dans la prairie, je passai, dans ce petit village, la plus jolie soirée du monde.

Le lendemain, de grand matin, un nouveau guide et deux mulets nous conduisirent au *col de Balme*, où nous fûmes assaillis par un temps effroyable. Un brouillard épais nous enveloppait; un vent du nord, aigu et glacial, nous soufflait dans les yeux la neige et le frimas; nos mulets s'enfonçaient dans les combles, et refusaient d'aller plus loin. Nous fûmes obligés de gravir à pied la cime du col; là, nous trouvâmes fer-

mée l'auberge qui d'ordinaire sert de halte aux voyageurs, et notre guide découragé refusa de nous ac-
compagner plus loin. Il fallut lui promettre double
salaire pour nous mener jusqu'au village le plus voi-
sin. — Cependant la tempête ne tarda pas à se calmer;
le brouillard se dissipa, et bientôt nous commençâ-
mes à distinguer à nos pieds la belle vallée de Chamouny; à droite, les aiguilles rouges et la chaîne du
Breven; à gauche, le *Mont-Blanc*, et ces magnifiques
aiguilles qui forment comme sa cour, et lui servent
en quelque sorte d'appui, pour porter sa tête nei-
geuse jusque dans les cieux.

A mesure que nous descendions, nous découvrions
mieux l'ensemble et la richesse de la vallée de Chamouny; le soleil, dont les rayons bienfaisans commençaient à percer les nuages, éclairait déjà une
partie de ce tableau, et lui donnait, par les acci-
dents de lumière les plus variés, un aspect en quelque
sorte fantastique. — En passant près des sources
de l'*Arve*, nous arrivâmes au village *du Tour*, le premier de la vallée, et de là à l'*Argentière*, où nous
fîmes un assez bon déjeuner. — Nous suivîmes ensuite le long du cours de l'Arve, le chemin qui conduit à Chamouny, et tout près du village *des Bois*,
un jeune paysan vint s'offrir pour nous conduire au
Montanvert. — Déjà fatigués d'une marche forcée,
et du mauvais temps essuyé dans notre traversée du
col de Balme, nous hésitâmes à accepter la proposi-
tion; mais la curiosité donne des forces, et en pensant au Montanvert et aux glaciers, nous reprîmes

courage , et nous suivîmes le guide improvisé que nous avions rencontré.

Dirigés par lui, nous allâmes d'abord visiter la grotte de glace d'où sort l'*Arveyron*, grotte qui se trouve au pied du glacier des *Bois*, et dont le ceintre avait alors au moins cent pieds d'élévation. — De là , nous gravîmes le *Montanvert* par le sentier de *la Fehlia* qui coupe la montagne presque à pic. A notre gauche, se déployait , dans toute sa magnificence , le beau glacier des Bois ; au-dessus de nos têtes, de nombreux troupeaux de chèvres paissaient les herbes aromatiques dont sont couvertes ces montagnes, et faisaient rouler à chaque instant sur nous des pierres et des roches détachées. Nous étions obligés de nous arrêter souvent pour reprendre haleine , tant le chemin que nous suivions était pénible et difficile ; souvent aussi nous nous arrêtions pour écouter le bruit des avalanches qui se détachaient de l'aiguille *du Dru* ou de celle *du Bochart*, opposées l'une et l'autre au *Montanvert;* et ce bruit , tout à fait nouveau pour notre oreille , avait quelque chose de grand et de terrible qui nous imposait et nous arrêtait au milieu de notre marche.

A mesure que nous nous élevions , le glacier nous apparaissait plus beau et plus admirable : ces obélisques de glace de cent pieds de hauteur, ces dômes, ces colonnades, ces mille formes diverses , et la plupart bizarres et fantastiques , qu'affecte en quelque sorte cette nature sauvage et sublime ; tout cela nous semblait un rêve ; et le bon docteur et moi nous éprouvions une surprise , un étonnement que des poroles ne peuvent pas rendre. —Enfin , nous voici au *Montanvert*, c'est-à-dire , au pavillon construit sur le haut de la montagne, et où l'on trouve une espèce d'auberge fournie de vins , de liqueurs , et même de fruits et de provisions de différentes espèces.

Nous rencontrâmes dans ce pavillon un M. Gloria, *son épouse* et plusieurs autres dames , véritable société de badauds parisiens , venus là tout exprès *pour ne rien voir*, mais pour écrire sur le grand livre vert leurs noms , prénoms , qualités et domiciles , le tout accompagné des réflexions les plus sottes et les plus ridicules. Après nous être rafraîchis , nous nous séparâmes promptement de ces stupides voyageurs , et nous prîmes le chemin de la *Mer de Glaces*, toujours guidés par notre jeune paysan.

Nous suivîmes la rive gauche du glacier , le long des bases des aiguilles de *Charmoz* et de *Crépon;* bientôt nous traversâmes une suite de rochers inclinés , que l'on appelle le *Passage des Ponts* , et nous passâmes devant une caverne naturelle fort élevée , d'où découle l'eau la plus pure et la plus limpide que j'eusse encore vue dans ces montagnes. Là , nous descendîmes sur le glacier , aidés de nos bâtons ferrés; nous le traversâmes sans danger, favorisés d'ailleurs par une légère couche de neige qui recouvrait la surface. —Comment décrire les beautés de tout genre qui s'offrirent à nos yeux dans cette traversée !

Sous nos pieds, et tout autour de nous, une immense vallée , de mille pieds de profondeur, remplie par cette masse énorme de glaces , qui se produit sous les formes les plus bizarres et les plus variées ; à droite, les aiguilles de *Charmoz* et de *Crépon* étalant leurs longs manteaux de neige ; à gauche, la belle aiguille du *Dru,* élevant sa tête superbe au-dessus des nuages, et en saillie des longues bandes de neige et de glace qui couvrent ses flancs, nous montrant ses arêtes granitiques, où la neige n'avait pu se fixer. — Un peu plus haut, le point de réunion des trois grands glaciers de *Tacul*, de l'*Échaud* et de *Talèfre*. — Puis le *Couvercle*, espèce de plateau semé d'immenses quartiers de granit. — Et enfin, le *Jardin*, autrement nommé le *Courtil*, espèce d'oasis ou d'île de verdure, jetée par la Providence au milieu de ces déserts de glaces et de rochers, comme pour ramener le voyageur attristé à l'idée de l'espérance.

Le Jardin forme la base des hautes pointes de montagnes appelées les *Rouges* ; cette base peut avoir environ une demi-lieue de longueur, sur à peu près cent mètres de large. — C'est un lieu riche en plantes rares, et l'un des points les plus pittoresques qu'on puisse voir dans les Alpes. Devant vous, au sud, vous apercevez, dans toute sa majesté, ce superbe, ce magnifique *Mont-Blanc*, dont la structure se manifeste ici de la manière la plus distincte. — Jusque sous sa cime, vous voyez les coupes des tranches verticales de granit dont cette masse énorme est composée. — A droite et à gauche, et comme pour former la cour de ce grand roi des montagnes, s'élèvent les belles aiguilles de l'*Échaud*, des *Blaitières* et du *Midi*, les grandes *Jorasses*, les *Périades* ; puis, au dessous, le *Rognon* et l'aiguille du *Couvercle*, qui va se joindre aux *Rouges*.

Le *Jardin* est situé à deux mille huit cent vingt-huit mètres au-dessus du niveau de la mer. Là cependant nous trouvâmes en abondance et la violette et le *rhododindrum*, appelé dans le pays la *reine des fleurs*. Là aussi nous trouvâmes la rose des montagnes, la rose sans épines, qui devient épineuse lorsqu'on la cultive; et nous nous souvînmes de la charmante idée de M. de Mestre, qui dit que cette rose devrait être « l'emblème de l'ingratitude. » — Là aussi nous rencontrâmes la plus jolie fleur que nous eussions vue jusqu'alors dans les Alpes : une charmante petite Anglaise, que j'ai su plus tard se nommer *Mistress Elisa Wa...*, et qui, en société de son mari, de deux autres Anglais et d'un guide, arrivait au *Jardin*, comme nous nous disposions à en partir.

Une robe de soie, couleur aventurine, relevée jusqu'aux genoux, un joli jupon blanc se montrant par-dessous, un chapeau de paille d'Italie, entouré d'un voile vert; un schall de mérinos rouge, qui venait se renouer par derrière autour de la taille, et ne nous dérobait qu'à demi les gracieux contours de cette taille; une blanche et poétique figure, dont tous les traits étaient frappants de finesse et de régularité, un charmant petit pied enfermé dans un brodequin gris, un air de gaîté, de grâce et de poésie, répandu sur toute la personne; tout cela nous apparut de la manière la plus ravissante, au milieu de cette nature si sauvage et si triste; et nos cœurs, en

quelque sorte engourdis, se réchauffèrent tout à coup,
à l'approche de cette gracieuse apparition.

Dire combien la vue de cette jolie créature marchant vers nous, appuyée d'un côté sur le bras de
son guide, et de l'autre sur un long bâton ferré,
eut de charme pour nous dans ce moment, combien
nous fûmes empressés, le bon docteur et moi, de
courir au-devant d'elle, et puis, tout le plaisir que
je ressentis lorsque, ayant accepté la main que je lui
tendais pour gravir deux ou trois débris de rochers
qui nous séparaient encore d'elle, elle eut mis le pied
sur l'espèce d'île où nous nous trouvions, ce serait
chose difficile. Nous la saluâmes, elle et les voyageurs qui l'accompagnaient, comme nous aurions
salué des amis. Mes premières paroles furent une ex-
pression d'étonnement et d'admiration pour le courage et la persévérance d'une femme qui avait osé
venir jusque-là; elle me répondit avec une grâce
charmante qu'elle était bien payée de ses peines par
la beauté d'un tel spectacle. — Puis, je lui dis combien son apparition, au milieu d'une nature si sauvage, avait eu de charme pour mes yeux et d'at-
trait pour mon âme, et alors elle rougit un peu, fit
une réponse courte et modeste, et s'appuya sur le
bras de son mari. Un instant après, elle, les autres
et nous, ne formions plus qu'une société d'amis, tant
est prompte et naturelle, dans ces lieux sauvages,
la sympathie que l'homme éprouve pour son semblable ! Je cueillis des violettes, et j'eus le plaisir
d'en offrir à la séduisante Anglaise; puis j'en cueillis

encore , et celles-ci sont allées plus loin. Si celle qui les a reçues lit jamais ces lignes , je veux qu'elle sache que , bien loin d'elle , son souvenir m'avait suivi , et que ce souvenir m'était cent fois plus doux , cent fois plus précieux que la présence même de la jolie Anglaise.

Enfin , nons partîmes ; nous quittâmes ces lieux sauvages , cette nature gigantesque et terrible au milieu de laquelle le cœur de l'homme ne saurait se complaire long-temps. Nous nous humiliâmes par la pensée devant la main toute-puissante qui avait fait de si grandes choses; nous sentîmes qu'ici plus qu'ailleurs Dieu se révélait par ses œuvres , et nous adorâmes, chacun dans le fond de notre cœur , cette Providence infinie qui créa l'homme intelligent pour comprendre les chefs-d'œuvre de la nature.

Après deux heures de marche assez pénible , nous regagnâmes le pavillon du *Montanvert*. Notre aimable petite Elisa était à moitié morte de fatigue , mais sa gaîté et son enjouement ne l'avaient pas abandonnée un seul instant ; et ses questions, ses bons mots , ses réflexions, toutes sensées et spirituelles , nous avaient plus d'une fois soutenus et encouragés. Nous nous reposâmes environ une demi-heure au Montanvert , et trouvant sur la table le grand livre vert où le matin même M. *Gloria* et *sa dame* avaient écrit leurs noms, prénoms et qualités, nous voulûmes aussi y tracer un souvenir, un peu honteux toutefois de venir tout juste à la suite de M. *Gloria*.

Chacun de nous écrivit donc un souvenir, une pensée plus ou moins philosophique, plus ou moins juste, plus ou moins poétique. L'un parla de Dieu ; l'autre de sa mère ; un autre écrivit pour tout souvenir un nom chéri qu'il avait déjà révélé aux échos du mont Saint-Bernard. Puis, vint l'aimable Elisa qui, depuis un quart d'heure, était restée en admiration devant la porte du pavillon, et qui termina la série de nos inscriptions par cette pensée qu'elle écrivit en anglais :

> The eye hath seen; may the heart conceive !
> *L'œil a vu ; puisse le cœur comprendre !*

pensée que nous trouvâmes ravissante, et qui là, au Montanvert, en face de cette grande et admirable nature, en disait plus que des volumes.

Enfin, nous quittâmes la montagne, nous dîmes adieu au Montanvert, à son beau glacier, à son magique point de vue ; et, à travers les rochers, les sapins et les mélèzes, nous nous dirigeâmes vers le prieuré de *Chamouny*. A mesure que nous descendions de la montagne, cette belle vallée si riche de végétation, cette île de verdure et de fleurs, jetée par la Providence au milieu de cette âpre et rude nature de rochers, de torrents et de glaciers, se développait à nos regards. Ce village si riant, assis au milieu de ces prairies si fraîches et si vertes, cette végétation si belle arrivant, pour ainsi dire, jusqu'au pied des glaciers, tout cela reposait agréablement nos yeux un peu attristés par les tableaux bien plus grands sans doute et bien plus magnifiques, mais infiniment moins gracieux que nous avions vus depuis quelque temps. Après une heure de marche environ, notre petite caravane se trouva au pied de la montagne ; à la porte d'un chalet placé sur le chemin, se tenaient deux jolies petites filles, qui nous présentèrent du lait de vache qu'elles venaient de tirer. Nous en bûmes chacun un verre, et je ne sais comment il se fit que je bus précisément dans le verre de la charmante Élisa à qui je donnais le bras dans ce moment. Elle s'en aperçut, et voulut me gronder ; mais je lui assurai que je l'avais fait sans y penser, et son regard me pardonna *mon étourderie.*

Bientôt nous eûmes traversé la vallée, et atteint le village de *Chamouny.* Nos Anglais, qui avaient déjà logé à l'hôtel de Londres, voulurent nous y conduire, et à dire vrai, nous ne demandions pas mieux. On nous installa chacun dans une charmante petite chambre qui, pour la propreté et la commodité, n'avait rien à envier aux hôtels garnis de Lyon ou de Paris ; un excellent souper, servi à table d'hôte, vint réparer nos forces un peu éprouvées par toutes les fatigues de la journée ; et, après souper, le docteur et moi fûmes invités par nos nouveaux amis, à venir prendre le thé dans leur appartement. Là, la gentille Élisa augmenta encore le plaisir que j'avais à la voir, par le charme de sa conversation, la grâce de ses manières, la vivacité et la gentillesse de son esprit. Elle avait beaucoup voyagé, et aucun des nombreux souvenirs de ses voyages ne paraissait confondu dans sa mémoire ; elle racontait, avec un accent de sensibilité on ne peut plus communicatif, les diverses

impressions que son âme avait reçues ; elle vous faisait assister, par la naïveté de ses descriptions et le
pittoresque de son langage, aux scènes gracieuses
ou sublimes qu'elle avait vues ; elle parlait des montagnes d'Écosse, comme aurait fait Walter-Scott ;
de la grotte de Fingal, comme un poëte ; de la mer,
comme un vieux matelot ; de l'Italie, comme si elle
y fût née ; de la France, comme si elle l'eût aimée
autant que nous. — La soirée se prolongea jusqu'à
minuit ; pour mon compte, je ne pouvais plus quitter cette femme attachante ; il me semblait que je la
connaissais, que je l'aimais depuis long-temps ; j'étais
évidemment sous le charme, et sans le bon docteur
qui me rappela plusieurs fois à ma raison, j'ignore
ce qu'il en serait advenu. — Enfin, il fallut se séparer ; et, après bien des poignées de main échangées
avec le bon M. Wa...., bien des regards échangés
avec la séduisante Elisa, je pris congé d'eux jusqu'au
lendemain matin, et j'allai me coucher. Quelle journée ! et comme elle avait été remplie ! Que de sensations, que d'idées, que d'émotions différentes depuis
notre départ de *Trient*, à six heures du matin, jusqu'au coucher de *Chamouny*, à minuit. Aussi étais-
je rendu, et la tête, comme les jambes, tout avait
besoin de repos. Je dormis du sommeil le plus profond ; mon imagination se calma ; mes forces physiques se rétablirent ; et le lendemain, à six heures,
j'étais debout, prêt à courir d'autres chances, à visiter d'autres pays, à chercher d'autres émotions ;
et voilà la vie du voyageur ! Voir, sentir, compren-

dre , aimer ; puis , quitter, regretter , oublier peut-
être...... Ah ! pourquoi notre pauvre humanité est-
elle si imparfaite ? Pourquoi Dieu fit-il notre nature
si faible ?

Le plus beau soleil du monde éclairait , depuis deux
heures , la vallée de Chamouny, et chacun de nous,
en ouvrant sa croisée , put contempler tout à son aise
cette magnifique chaîne du Mont-Blanc , qui , là ,
vous apparaît dans toute sa beauté. Déjà la plupart
des voyageurs étaient debout et se disposaient à partir, les uns pour les glaciers , les autres pour le *Mont-
Breven ;* d'autres pour le *col de Balme* ou les *Ai-
guilles-Rouges.* Moi, j'étais obligé de partir aussi, et
pourtant j'aurais voulu rester ; je priai le bon docteur
de me donner du courage , et je dois lui savoir gré
de tout ce qu'il fit pour cela.—Enfin , le moment fatal
arrivé , j'allai prendre congé de mes bons amis de la
veille; je vis encore une fois cette charmante petite
femme que j'aimais déjà beaucoup trop , et je pus
lui dire tout ce qu'il m'en coûtait pour m'éloigner
d'elle. Nous nous promîmes de nous revoir à Genève,
puis à Paris , puis à Londres , puis je ne sais où. Son
frère, qui assistait à nos adieux , riait en écoutant
toutes ces promesses, et il avait raison, quoique,
dans ce moment-là , elles fussent sincères.—Il fallut
pourtant se quitter, se dire un dernier adieu....Oui,
il le fallut; et quand j'y pense encore , je ne sais
comment je le pus. Je partis , les larmes aux yeux,
le regret dans l'âme. Adieu , rêve de plaisir et d'a-
mour ! Adieu , illusion d'un jour, si doucement ca-

ressée, et sitôt évanouïe ! Adieu, doux regard de femme, si puissant sur mon cœur ! Adieu, charmante *Elisa*, que j'aurais peut-être tant aimée, et que je ne reverrai sans doute jamais ! Adieu.....
C'en est fait ; je vous quitte.....

Et vous aussi, bon docteur, qui, depuis trois jours, aviez pensé et senti comme moi, vous qui aviez partagé et mes fatigues, et mes dangers, et mes émotions, vous aussi, il faut vous quitter : moi seul je retourne à Genève ; seul, je m'éloigne aujourd'hui de ce délicieux pays de Chamouny, où déjà mon cœur avait pris racine ; seul, pour la première fois depuis mon départ de Lyon, je vais à pied traverser des pays inconnus, et m'abandonner à la providence des voyageurs.

Je quittai en effet à Chamouny le docteur C.... qui, le même jour, devait prendre la direction de Berne, et de là se rendre dans l'Oberland ; et je regrettai vivement en lui un compagnon de voyage aimable, instruit, et intéressant sous tous les rapports. Je pris seul la route de Sallenche et de Genève ; à peu de distance de Chamouny, je traversai l'*Arve* sur un pont de bois, et bientôt je me trouvai au pied du beau glacier des *Bossons*. — Comme les jours précédents, je pus admirer encore et de belles grottes de glace, et de superbes obélisques s'élevant çà et là au milieu des colonnades, des ponts, des arcs de triomphe, des dômes, des frises, des chapiteaux, des formes d'architecture les plus variées, les plus riches, les plus bizarres qu'on puisse voir au monde. C'est en

effet cette prodigieuse variété de formes , cette nature accidentée de mille et mille manières , cette
bizarrerie d'effets de lumière , qu'on remarque avant
tout sur les glaciers , et qui en font , même dans les
Alpes , une merveille tout à fait à part.

VII.

RETOUR DE CHAMOUNY A GENÈVE, PAR SALLENCHE ET SAINT-MARTIN.

JE traversai le torrent de *Taconay*, qui descend du glacier de ce nom ; et, de ce glacier même, j'eus le plaisir de voir tomber une avalanche, qui s'arrêta à peu près à trois cents mètres du chemin, et fit pleuvoir jusqu'à moi les *moraines* et la poussière qu'elle chassait devant elle.

A mesure que j'avançais dans la vallée, de nouveaux paysages s'offraient à ma vue ; je me retournais à chaque instant pour contempler encore une fois cette belle vallée, que mes yeux ni mon cœur ne pouvaient quitter, et j'apercevais dans le lointain, à droite, le beau glacier des *Bois* ; plus près, celui des *Bossons ;* à gauche, les montagnes du *Breven*, et, à leurs pieds, le joli village de *Chamouny* ; puis, dominant tout le reste, cette perspective attachante de la chaîne du *Mont-Blanc*, depuis l'aiguille du

Gouté jusqu'à l'aiguille Verte, et par-dessus tout,
la *Bosse du Dromadaire*, le Mont-Blanc appuyant fièrement sa tête dans les cieux, et ses pieds sur des
montagnes de quatre mille mètres au-dessus de la
mer.

En suivant toujours les bords de l'*Arve*, maintenant grossi des cinq ou six torrents qui traversent la
vallée, j'arrivai à *Ouches*, joli village qui termine de
ce côté la vallée de Chamouny. On y célébrait une
noce de paysans ; et, selon l'habitude du pays, de
nombreux coups de pistolets annonçaient la joie des
convives et de la famille. Chacun de ces coups de
pistolet était répété par tous les échos des montagnes voisines ; et les sons, plus fortement répercutés
à mesure qu'ils étaient transmis d'un écho à l'autre,
finissaient par ressembler aux roulements du tonnerre. Il est impossible, pour qui ne l'a point entendu, de se faire une idée de la solennité de ce
bruit ; il y avait là quelque chose qui contrastait avec
la simplicité d'une noce de village ; et certes, les
cent coups de canon, tirés au mariage de tel ou tel
prince, ne valent pas les échos des Alpes célébrant
l'union de deux pauvres paysans.

Ici je quittai la vallée de Chamouny, et j'entrai
dans celle de *Servoz*, en suivant la gorge étroite et
pittoresque des *Montées*, chemin rapide taillé dans le
roc, et bordé à gauche par des rochers perpendicu-
laires, et à droite, par l'Arve qui se précipite avec
fracas au milieu des sapins et des mélèzes qui crois-
sent dans cet étroit défilé. — Ce passage est un des

points les plus remarquables de toute la contrée : la profondeur du torrent qui bondit et bouillonne sur un lit de rochers ; la coupe presque verticale de la montagne de fer, teinte çà et là de couleurs métalliques ; les cimes noirâtres des rochers de *Salles*, qu'on aperçoit dans le fond ; enfin, si vous vous retournez, les aiguilles neigeuses de la chaîne du Mont-Blanc, et le majestueux dôme du Gouté qui ferment votre horizon d'une manière si grande et si pittoresque ; tout ce spectacle a quelque chose de sauvage et de sublime, qu'on sent mieux qu'on ne peut le décrire.

Je traversai l'Arve encore une fois sur un pont de bois, appelé pont *Pélissier*, près duquel je remarquai un petit monument élevé à M. Escher, célèbre naturaliste, mort en 1801 sur le mont *Buet*. De là j'arrivai au village de Servoz, qui n'offre rien de remarquable, si ce n'est quelques exploitations de mines de fer. — A peu de distance de Servoz, j'entrai dans une gorge étroite et sauvage, au fond de laquelle on trouve le hameau de *Chède* : près de là, le petit lac du même nom, et un peu plus loin, la jolie cascade de *Chède*, en l'honneur de laquelle je n'hésitai pas à me détourner de mon chemin. — Cette cascade est infiniment moins belle que celle de *Pisse-Vache ;* mais pourtant elle a quelque chose qui plaît davantage à l'œil du voyageur : elle tombe d'abord d'un seul jet, et d'une hauteur de cent pieds environ, sur un rocher qui forme une espèce de bassin ; de là elle se divise en deux branches parfaitement égales, qui tombent perpendiculairement à quatre-vingts pieds plus bas. — Vu d'un peu loin, ce paysage a plus de prix. Les rochers desquels s'élance la cascade sont entourés d'une belle verdure et d'une végétation fort riche ; le pied de ces rochers est garni de beaux massifs de châtaigniers, dont la nuance contraste avec la verdure plus triste et plus sévère des sapins qui garnissent la cime ; à gauche, le beau village de Passy, dont le clocher et les maisons s'élèvent au milieu des arbres ; à droite, les pointes menaçantes des rochers de Salles, et par-devant, de belles prairies et le cours sinueux de l'Arve, voilà l'encadrement du tableau.

Mais poursuivons notre route, et bientôt nous découvrirons la jolie petite ville de *Sallenche*, avec ses jardins, ses terrasses, et ses vignobles en amphithéâtre ; derrière la ville, la haute aiguille calcaire de *Warens*, le mont *Rozet* et deux gorges profondes, de chacune desquelles débouche un torrent. — Puis, nous arriverons à *Saint-Martin*, village qui n'est séparé de Sallenche que par le cours de l'Arve. Arrêtez-vous sur le pont de pierre qui unit les deux rives, et contemplez long-temps ce magnifique panorama du *Mont-Blanc* que vous apercevez là dans toute sa beauté. Entrez ensuite à l'*hôtel Turbilliod*, sur la route ; et pendant que votre dîner s'apprêtera, vous viendrez encore sur la terrasse de l'hôtel, rêver, soupirer, pleurer peut-être comme moi, en admirant ces belles montagnes, dont vos yeux ne peuvent plus se détacher, ces belles pyramides de granit dont les sommets se perdent dans les nues, œuvre sublime de la

création , chef-d'œuvre de cette grande poésie des
Alpes , qu'il faut voir avec le cœur , plus encore
qu'avec les yeux ! On viendra vous avertir que votre
dîner est servi , et vous oublierez de boire et de
manger , pour vous livrer aux émotions qui remplissent votre âme ; et vous resterez attaché et comme
collé sur cette terrasse , pour dire adieu encore une
fois à cette grande et admirable nature qui s'est emparée de vos sens et de votre cœur , et que vous ne
pouvez plus quitter sans regret. Oui , toute ma vie
je me souviendrai de ce que j'éprouvai là , sur cette
terrasse de Saint-Martin , en contemplant , pour la
dernière fois , de si près , le Mont-Blanc , et cette
magnifique chaîne de montagnes sur lesquelles il
s'appuie !

En quittant Saint-Martin , je pris la route de *Bonne-*
ville ; une vallée étroite , tortueuse , et bordée de hautes
montagnes calcaires , vous conduit à *Cluse.* Non loin
de là , je remarquai le *Nant d'Arpenas,* jolie cascade
formée par un petit torrent qui se précipite d'une
hauteur d'au moins quatre cents pieds , et je vis là ,
pour la première fois depuis que j'étais dans les Alpes ,
un effet extraordinaire d'attraction : un nuage qui
couvrait dans ce moment le sommet de la montagne ,
suivait le cours du torrent et la chute de la cascade ,
et d'en bas je voyais tomber dans la vallée , à quelques
pieds seulement de la chute d'eau , un long cordon
vaporeux réflétant les rayons du soleil , et figurant
une espèce d'arc-en-ciel immédiatement au-dessus
de la cascade. Ce spectacle tout nouveau pour moi

m'arrêta long-temps , et plusieurs fois je me frottai
les yeux pour savoir s'ils ne me trompaient pas ; mais,
depuis ce temps , j'ai su par d'autres voyageurs que
l'effet que j'avais remarqué se voyait fréquemment
en Suisse.

En continuant ma route , je passai devant le joli village de *Maglan*, et ses délicieux bosquets , et ses belles
sources d'eau vive ; je n'aurais eu qu'à me détourner
d'une heure pour visiter la fameuse *grotte de Balme ;*
mais il était tard , et je devais aller coucher à Genève.
Je traversai rapidement la petite ville de Cluse , qui occupe la partie la plus étroite de la vallée ; j'y passai
l'Arve sur un pont de pierre d'une seule arche , et une
heure après j'arrivai à *Bonneville.* Là, je repassai l'Arve
encore une fois sur un beau pont de pierre , à l'entrée
duquel s'élève une belle colonne de marbre surmontée
de la statue de *Charles-Félix ,* et dont le piédestal est
orné d'un bas-relief représentant le fleuve enchaîné ,
le tout en mémoire des travaux exécutés en 1824 ,
par les ordres du roi de Sardaigne , pour l'endiguement de l'Arve. — Comme il était tard , et que j'étais
fatigué, je me fis conduire en voiture jusqu'à *Chesne,*
beau et grand village qui appartient au canton de
Genève , et sépare la Savoie du territoire de la répu-
blique. — De là , je vins à pied jusqu'à Genève ; il
était nuit ; le ciel était beau , et à la lueur des étoiles ,
j'apercevais déjà la ville, ses monumens, et son lac
sur lequel il me tardait de me retrouver. — L'air
était embaumé des parfums les plus doux ; je mar-
chais depuis une demi-heure au milieu des jardins et

des campagnes délicieuses qui entourent la ville. Le cœur rempli des émotions de la journée, j'aimais à me trouver seul à cette heure, sur les bords de ce lac que j'avais tant rêvé, tant désiré, tant chéri dans mes souvenirs d'adolescent. Plus j'approchais de Genève, et plus je sentais mon cœur battre de plaisir ; je devais y retrouver un bon frère, qui d'abord avait dû venir aux Alpes avec moi, mais que des affaires avaient retenu à Lyon, lorsque j'en partis. — Enfin, me voici à la porte de Savoie ; je traverse la ville rapidement, et bientôt je me retrouve dans ma charmante petite chambre de *l'hôtel des Bergues.*

VIII.

NOUVEAU SÉJOUR A GENÈVE, NOUVELLE COURSE SUR LE LAC, VISITE A FERNEY.

Une lettre de Charles me fut remise à mon arrivée. Il était depuis deux jours à Genève, et parcourait, en m'attendant, les rives du lac; ce jour-là il était allé couché à Vevey; et comme nous devions ensemble partir pour Aix, il me priait de l'attendre encore un jour; je n'avais certes pas besoin d'être prié pour cela; était-il possible de partir, de quitter Genève, sans revoir encore une fois ce beau lac, sans dire adieu à cette gracieuse nature, dont l'aspect vous remplit de si douces émotions; à ces riants paysages, dont la vue vous attache comme celle de la femme que vous aimez; à ces belles Alpes dont les formes majestueuses et sublimes élèvent votre pensée, et remplissent votre cœur d'une religieuse admiration ; à ce beau pays enfin, à cette romantique et délicieuse contrée où tout est charme, grandeur, beauté, et poésie? Non, je ne pouvais me décider à quitter tout cela le lendemain; et bien disposé à attendre patiemment le retour de mon frère, j'allai me reposer de mes longues fatigues de la journée.

Le lendemain, je revis Genève dans toute sa beauté; je me retrouvai avec délices sur les bords de ce lac chéri; et bientôt toutes mes fatigues de huit jours furent oubliées. — Le bateau à vapeur allait partir, je ne résistai pas, et me voilà encore une fois sur le lac, voguant vers Nyon, vers Lausanne, vers Vevey, vers je ne sais où....... — Des musiciens allemands s'étaient installés sur l'avant-pont, et jouaient en ce moment l'air du *Ranz des vaches*. Déjà ému par cette musique, je me plaçai à la poupe du bâtiment, près du gouvernail; et là, seul, appuyé sur la rampe, et l'âme remplie d'une douce mélancolie, je contemplai, pour la dernière fois peut-être, le magnifique spectacle que j'avais sous les yeux : Genève, son port, ses quais, ses hôtels, ses dômes et ses maisons en amphithéâtre fuyant devant moi; à droite, la belle et longue chaîne du Jura; et à ses pieds, tous ces coteaux délicieux, ces belles terrasses, ces jardins, ces châteaux, ces jolies villes, ces charmants villages qui garnissent toute cette rive; à gauche, les coteaux de Savoie, les Alpes et toute la chaîne du Mont-Blanc; tout ce tableau éclairé par le plus beau soleil du monde; et ce lac aux eaux si belles, si pures, si bleues, aux vagues si molles et si caressantes; et toute cette nature si riche, si animée, si vivante. Oh! qui me rendra l'émotion que j'éprouvai dans ce moment, et les douces larmes qui s'échappèrent de mes yeux, et cette longue et suave mélancolie qui leur succéda, et tous ces rêves d'amour et de poésie qui vinrent dans ce moment me caresser !....

J'étais encore à la même place, toujours appuyé sur la rampe, et déjà nous avions fait plusieurs lieues; déjà nous avions revu les jolies tours de Nyon, et salué le beau château de Prangins, propriété de Joseph Bonaparte, habitée alors par la reine Hortense; nous allions entrer dans le port de Rolle, et, pour pouvoir revenir à Genève le soir, il fallait s'arrêter là. —Je quittai donc le bateau à vapeur, et je descendis à Rolle, petite ville d'un aspect agréable, bâtie au bord du lac, vers le milieu d'une baie qui fait face au golfe de Thonon. —J'eus le temps de visiter la ville et ses jolies promenades, d'admirer ces fertiles coteaux, qui produisent les meilleurs vins blancs de toute la Suisse, et en attendant le bateau qui devait me ramener à Genève, je vins m'asseoir sous l'allée de tilleuls plantée au bord du lac. Je ne pouvais me rassassier de cette vue; c'était un charme, une fascination, que je ne puis définir, mais que doivent comprendre ceux qui ont parcouru les rives du lac de Genève; enfin, le bateau à vapeur arriva, et un instant après j'étais passager du *Léman*.

Mon premier soin fut d'en visiter le personnel, et j'avais déjà suivi la moitié du pont, lorsque je rencontrai une figure amie qui exprima, en me voyant, la surprise la plus complète : c'était ce bon Charles, mon frère chéri , qui m'attendait depuis trois jours, mais qui , dans ce moment, plongé dans une profonde mélancolie , paraissait songer fort peu à moi. — Nous nous embrassâmes, comme si nous ne nous étions vus de dix ans ; et depuis notre séparation à Lyon , il y avait eu en effet, entre lui et moi , des siècles de vie intellectuelle ! Aussi le traitai-je de barbare , lui qui n'avait pas vu les Alpes , qui ne connaissait pas les glaciers , qui ignorait cette grande et sublime nature que j'avais admirée depuis huit jours ! Heureux toutefois de nous être retrouvés , nous nous accablâmes réciproquement de questions ; nous nous racontâmes rapidement nos courses, nos voyages, nos bonnes et mauvaises fortunes ; puis nous convînmes que nous prendrions ensemble , dès le lendemain , la route d'Aix et de Chambéry.

Il fallait donc décidément dire adieu au lac de Genève , et tous deux nous éprouvions à cet égard le même sentiment, les mêmes regrets ; aussi fîmes-nous silencieusement le reste du voyage , et nous étant compris parfaitement , nous nous abandonnâmes, chacun de notre côté , aux mélancoliques pensées, aux douces rêveries qui nous assiégeaient , et nous savourâmes tout à loisir le plaisir de vivre encore une fois de cette vie d'émotions et de poésie, dont nous avions vécu depuis plusieurs jours.

Rentrés à Genève , nous reprîmes nos jolis logements de l'hôtel des Bergues , et nous retrouvâmes avec plaisir l'excellente table d'hôte de M. Rufenacht.

—'Après dîner, nous profitâmes des deux ou trois heures qui nous restaient pour aller visiter le château de Ferney - Voltaire. Un *Omnibus* nous conduisit en vingt minutes au village ; puis nous trouvâmes au bout de ce village , à gauche , la maison qui servit, pendant quinze ans , de retraite au patriarche de la philosophie. — Cette maison appartient aujourd'hui au comte de Budé , riche Genevois , dont l'aïeul l'avait vendue à Voltaire , et qui l'a rachetée des héritiers de ce dernier. Une longue allée de peupliers conduit de la route à la grille du château ; puis on entre dans une grande cour, qui se termine , à gauche , par une magnifique terrasse , dominant toute la ville de Genève , une partie du lac et ses délicieux environs. De là, par un beau coucher de soleil , nous pûmes admirer encore une fois la chaîne du Mont-Blanc dans toute sa beauté ; notre œil put se promener avec ravissement sur toutes ces belles campagnes qui entourent Genève , et saluer en partant ces Alpes sublimes , dont la vue fournit sans doute plus d'une inspiration au grand poëte du dix-huitième siècle.

Nous visitâmes ensuite l'intérieur de la maison , et nous vîmes très-religieusement conservés , avec tous les meubles de son temps , le salon et la chambre à coucher du grand homme. Ces deux pièces , qui sont les seules qu'ait habitées Voltaire , donnent sur un jardin dessiné à la française , et ombragé par de beaux massifs de marroniers et de tilleuls. — Le salon est orné d'une tapisserie des Gobelins , et meublé de fauteuils en tapisserie de Beauvais ; le tout

parfaitement conservé. —La chambre à coucher,
plus petite, renferme le lit de Voltaire, dont les
rideaux en lambeaux attestent non pas la vétusté,
mais le fanatique empressement des visiteurs à s'em-
parer d'un souvenir matériel du grand homme;
comme si ce grand homme n'avait pas laissé partout
des souvenirs plus durables, plus précieux, plus
universels que les rideaux de son lit ou les lambeaux
de sa robe de chambre ! Mais voilà le vulgaire ! Tel
qui n'a jamais lu Voltaire, est fort aise de rapporter
de Ferney un fragment de son rideau ! Tel qui n'a
peut-être jamais compris Napoléon, veut posséder
son petit chapeau, et l'achète deux mille francs !

Cette chambre à coucher renferme une espèce de
mausolée qui a contenu long-temps le cœur de Voltaire ; son portrait, celui de Mme du Châtelet, celui
du Grand Frédéric, et un portrait sur soie de l'impé-
ratrice Catherine, brodé par elle-même, plus, quelques vieux fauteuils et un lit également très-vieux,
composent tout l'ameublement. — Sur une petite
table, à gauche de la croisée, un registre ouvert à
tous les visiteurs, est rempli de noms obscurs, et de
réflexions la plupart insignifiantes.

Nous restâmes fort long-temps dans cet appartement ; il y avait là une impression vive et forte ; un
souvenir puissant du grand homme; un hommage
sincère et profond de notre intelligence à la plus haute
intelligence, au plus beau génie du dix-huitième siècle.
Comment aborder ce séjour sans un religieux respect!
Comment le quitter sans payer son tribut d'admira-

tion à la mémoire de cet homme extraordinaire, qui tint si long-temps en France le sceptre de la littérature et de la philosophie !

Cette visite à Ferney fut notre dernière station dans les environs de Genève. Obscurs voyageurs, nous n'écrivîmes pas nos noms sur le registre ; mais, ce qui vaut mieux, nous emportâmes de nobles impressions qui ne s'effaceront pas de sitôt.

IX.

AIX EN SAVOIE, L'ABBAYE DE HAUTE-COMBE, ET LE LAC DU BOURGET.

LE 2 juillet, de grand matin, nous quittâmes *Genève*, et nous partîmes pour Aix-les-Bains, où nous arrivâmes dans la soirée. La route de Genève à Aix par *Frangy* et *Rumilly*, n'offre rien de remarquable ; et la ville d'Aix elle-même ne vaut quelque chose que par ses bains et son voisinage du lac du *Bourget*. Il est vrai que nous étions gâtés par Genève, Lausanne, et cette belle Suisse que nous quittions ; mais Aix nous parut triste ; le beau monde n'y était pas encore arrivé ; et le salon, où nous nous rendîmes le soir, comptait à peine vingt abonnés. Un jeune officier Suisse, avec lequel nous étions venus de Genève, et que nous retrouvâmes là, nous fit remarquer la duchesse de San-Carlos et ses deux filles ; c'étaient les seules personnes de distinction arrivées jusqu'alors. On annonçait, il est vrai, comme devant arriver d'un jour à l'autre, avec sa famille, le duc de Devonshire, un des plus grands seigneurs d'Angleterre; mais tout cela n'empêchait pas le salon d'être triste et désert, et la soirée fort ennuyeuse. Nous nous en tînmes donc au rôle d'observateurs; et après nous être moqués, pendant une heure, de complicité avec le jeune officier Suisse, et du *brillant salon* que le maître d'hôtel nous avait tant vanté, et des danseurs tant soit peu surannés, qui faisaient de leur mieux pour animer la soirée, voire même de la noble duchesse et de son entourage, nous allâmes tout bonnement et tout prosaïquement nous coucher, un peu désappointés de la manière dont nous avions passé cette soirée, et nous promettant bien de ne pas prolonger long-temps notre séjour à Aix.

Nous attendions cependant de la journée du lendemain un dédommagement, et nous ne fûmes pas trompés dans notre attente : à six heures du matin, nous étions déjà sur le lac du *Bourget,* montés sur une barque de pêcheurs, et conduits par quatre excellents rameurs que nous avions retenus la veille. Nous allions visiter la célèbre abbaye de *Haute-Combe,* située sur la rive opposée. Le temps était superbe, le ciel pur et sans nuages ; les eaux du lac étaient belles ; la brise du matin soulevait devant nous des vagues légères qui venaient se briser contre notre frêle esquif; à mesure que nous avancions, le tableau devenait plus intéressant : du côté opposé à la ville d'Aix, une longue ligne de rochers taillés à pic, et servant de

barrière aux eaux du lac ; à gauche , et dans le fond ,
le joli village du *Bourget* qui paraît sortir du milieu
des ondes ; à droite et à l'extrémité opposée, le rocher de *Chatillon*, et son vieux château féodal ; devant nous enfin, *Haute-Combe* assise sur une terrasse
naturelle, dont les pieds sont baignés par le lac , et
projetant son architecture élégante , son église élevée, sa flèche légère et gracieuse, au milieu de beaux
massifs de châtaigniers. L'ensemble de ce tableau tout
à fait différent de ce que nous avions vu en Suisse ,
n'était pourtant ni moins remarquable, ni moins attachant. Un vague indéfinissable , un instinct de mélancolie, dont vous ne pouvez vous rendre compte,
s'empare de vos sens et de votre âme ; vous rêvez
malgré vous ; vous êtes à côté de votre ami, de votre
frère, et vous ne lui parlez pas, parce que votre âme
est pleine de tout ce que vous voyez ; que vous êtes
en quelque sorte absorbé par la poésie de ces lieux ;
que votre pensée n'est plus sur la terre !

Le lac a quatre lieues de longueur sur environ une
lieue de large ; mais pour aller d'*Aix* à *Haute-Combe* ,
on décrit une ligne oblique, et il faut deux heures
pour cette traversée. Nous arrivâmes à huit heures ,
et nous fûmes reçus par un vieux serviteur de la
maison, qui avait vu déjà trois ou quatre générations
de princes venir s'engloutir dans cette antique né-
cropole de la maison de Savoie.

L'abbaye de Haute-Combe est le Saint-Denis des
ducs de Savoie. Dévastée comme tous les établisse-
mens de ce genre, pendant les orages de la révolu-

tion, elle a été restaurée avec un luxe extraordinaire
par le dernier roi de Sardaigne, Victor-Emmanuel,
qui avait eu l'idée de s'y retirer avant sa mort. — Rien
n'égale la magnificence de l'église, dont la voûte est
ornée toute entière de superbes fresques, ouvrage
des premiers peintres d'Italie, représentant l'histoire
de la maison de Savoie. Chacune des chapelles renferme le mausolée d'un prince de cette maison ; les
piles qui supportent la grande voûte, sont toutes re-
vêtues jusqu'à la hauteur des corniches, de magnifiques bas-reliefs dus au ciseau des premiers sculp-
teurs de *Carrare*. Un atelier où sont occupés, depuis
plusieurs années, plus de quarante ouvriers italiens,
existe dans l'intérieur du couvent, et la reine douai-
rière de Sardaigne y consacre, chaque année, des
sommes considérables. En résumé, cet édifice, lorsqu'il sera complétement restauré, sera certainement
un des plus beaux de ce genre existant en Europe.

En sortant de l'église, nous visitâmes l'intérieur
de l'abbaye, qui a été réduite considérablement depuis que les vivants sont venus en quelque sorte usur-
per la place des morts, c'est-à-dire, depuis que le
roi et la reine de Sardaigne ont voulu se créer une
habitation dans l'enceinte même du cloître, et venir,
chaque année, s'y installer pendant plusieurs mois.
— Cinq ou six moines piémontais, de l'ordre de Saint-
Bernard, composent en ce moment tout le personnel
de l'abbaye ; nous ne pûmes les voir qu'un instant,
et ce fut la faute de notre *cicerone* qui, sot comme le
sont presque tous les *cicerone*, eut l'infamie de nous

dire que ces moines étaient des gens très-communs
et très-grossiers, tandis que j'ai su depuis que le prieur
était un homme très-savant et très-recommandable.
Avis au lecteur pour voir une autre fois par lui-même',
et ne plus se fier à ces sottes gens, qui font du métier
de *cicerone* la spéculation la plus vile et la plus basse,
et vous trompent effrontément toutes les fois qu'ils en
trouvent l'occasion.

Après cela, nous vîmes les appartements royaux,
et lorsque nous fûmes sur le grand balcon, nous nous
y arrêtâmes long-temps, frappés que nous étions de
la beauté de ce coup d'œil, et de la sauvage poésie
de ce site : à vos pieds et devant vous, dans une immense'étendue, le lac qui se déploie en une longue
et belle surface d'azur; plus loin, d'âpres et noirs
rochers, suspendus en quelque sorte sur les eaux,
et projetant, au milieu de ces eaux si transparentes
et si pures, leurs ombres menaçantes; dans le lointain, la ville d'Aix et ses coteaux boisés, qui dominent toute la vallée ; autour de vous, rien que des
bois, des rochers, de l'eau et le ciel; puis, dans
l'ensemble, un charme indéfinissable de solitude,
quelque chose de grand, de solennel, d'attachant ;
voilà *Haute-Combe*. On conçoit très-bien tout ce
qu'une âme religieuse et souffrante, dégoûtée des
grandeurs de ce monde, abreuvée de l'ingratitude
des siens, avait dû trouver de paix et de repos dans
ce séjour. On comprend, lorsqu'on est là, la pensée
de Victor-Emmanuel, et on s'explique comment la
vie solitaire et poétique de Haute-Combe fut souvent

préférée à la vie tumultueuse et fatigante de Turin.

Derrière l'abbaye, et à quelque distance, en se dirigeant vers la montagne, on trouve une fontaine intermittente, que tous les voyageurs s'empressent de visiter, mais qui n'offre rien de bien remarquable. Nous ne restâmes là qu'un instant, et nous allâmes rejoindre nos pêcheurs, qui nous attendaient sur le bord du lac; en moins de deux heures, nous eûmes regagné le port, et, suivant la grande avenue de peupliers qui conduit de ce port à la ville, nous fûmes rentrés à Aix avant midi.

Après déjeuner, nous allâmes visiter l'établissement thermal; on nous montra, dans le plus grand détail, les bains, les douches, les étuves, la piscine, le *purgatoire* et l'*enfer ;* mais ce que nous admirâmes le plus, ce fut les deux sources de soufre et d'alun que nous vîmes à leur sortie du rocher, présentant un volume d'eau d'au moins dix-huit pouces cubes. C'est à ces belles sources que la ville d'Aix doit son existence, et l'établissement thermal sa prospérité. Chaque année, deux ou trois mille malades viennent y chercher la santé ; et, depuis la création des bains d'Aix, l'abondance des sources n'a pas cessé un instant d'être la même. Nous vîmes, avant de sortir, le médecin de l'établissement, bon et excellent homme, qui nous fit un accueil on ne peut plus aimable, nous décrivit toutes les vertus de ses eaux, et nous montra, d'après des études anatomiques fort remarquables, des effets vraiment merveilleux de l'application des douches. — Toutefois,

nous qui n'étions ni galeux, ni dartreux, ni scrophu-
leux, et qui n'écoutions le bon docteur que pour la
théorie, nous abrégeâmes la visite ; et, décidés à
quitter Aix le même jour, nous vînmes chercher une
voiture pour Chambéry.

X.

CHAMBÉRY, LA SAVOIE, RENTRÉE EN FRANCE PAR LES ÉCHELLES.

CHAMBÉRY n'est qu'à deux lieues d'Aix, et la route qui y conduit est extrêmement agréable : paysages frais et pittoresques ; jolies vallées plantées d'arbres fruitiers et de vignes grimpantes ; doux climat ; territoire fertile et comparable à ce qu'il y a de mieux en France : voilà cette Savoie dont, à Paris, beaucoup de gens parlent comme d'un pays inhabitable. — Ville toute française, et par ses mœurs et par ses souvenirs ; riche de son commerce et de son industrie, embellie chaque jour par les soins du gouvernement ou la générosité des particuliers ; Chambéry n'aurait rien à envier à la plupart de nos villes de l'intérieur, si la main de l'absolutisme ne pesait sur elle, et si la politique méticuleuse du roi de Sardaigne, soutenue par la pensée de Metternich, ne

contrariait sans cesse le développement intellectuel
de ce peuple, et ses sympathies pour les idées françaises. Aussi la ville de Chambéry est-elle devenue,
surtout depuis 1830, une véritable place d'armes :
quatre régimens d'infanterie, un régiment de cava-
lerie et un parc d'artillerie gardent, contre la France,
ce poste avancé de l'absolutisme. La *Quotidienne* et
la *Gazette* sont les seuls journaux français dont l'in-
troduction soit permise, et la contrebande en ce
genre est punie des peines les plus graves. Vains efforts contre la pensée ! Inutiles précautions contre les
sympathies de tout un peuple, et qui n'empêcheront
pas Chambéry d'être à nous, au premier coup de
canon que la France tirera de ce côté !

Nous visitâmes tout à notre aise le château, ancienne résidence des ducs de Savoie, dont les terrasses et les jardins dominent la ville et toute la vallée ; nous aperçûmes les *Charmettes* que recommande
le souvenir de J. J. Rousseau, et puis toutes ces jolies
maisons de campagne, qui, de toutes parts, entourent Chambéry. Ensuite nous redescendîmes dans la
ville ; nous visitâmes les *Portiques*, nouveau quartier
construit sur le modèle de la rue Castiglione, à
Paris ; l'intérieur de la salle de spectacle, où nous
assistâmes à une répétition de : *Concert à la cour ;* la
cathédrale, monument gothique assez remarquable,
et, le même jour, nous montâmes en voiture pour
aller coucher aux *Echelles* ou à *Saint-Laurent.*

Notre but était de nous rendre le lendemain, dès
le point du jour, à la *Grande-Chartreuse ;* et pour

cela nous avions encore beaucoup de chemin à faire;
mais, en payant généreusement notre phaéton , nous
parcourûmes rapidement ces distances; et , après
avoir suivi, pendant près d'une heure , une route profonde et sinueuse , tracée entre des rochers arides ,
dont l'aspect est tout ce qu'on peut voir au monde
de plus triste et de plus sauvage, nous arrivâmes à
la grande voûte souterraine des *Echelles* , ouvrage
vraiment digne des Romains , que Napoléon fit exé-
cuter pour remplacer l'ancienne route , bien juste-
ment nommée *des Echelles* , puisqu'en plusieurs en-
droits elle ne consistait qu'en une espèce de rampe
ou d'escalier creusé dans le rocher.

Ce point est véritablement un des plus remarquables de notre voyage , et nous regrettâmes sincère-
ment d'y passer si vite; mais le temps nous pressait,
et il fallait passer la frontière avant la nuit.

Arrivés aux Échelles, nous renvoyâmes notre guide;
et seuls, à pied , avec l'assurance de gens qui rentrent
chez eux , nous passâmes la frontière. Des gendarmes
et des douaniers vinrent au-devant de nous; mais cette
fois nous en fûmes quittes à bon marché, et nos passe-
ports , et nos poches , et nos figures , furent trouvés
par *ces messieurs* parfaitement en règle.

Nous voilà donc encore une fois en France ! Cette
chère France , on la revoit toujours avec bonheur ! et
cependant nous ne l'avions , pour ainsi dire, pas quit-
tée ; car tout ce que nous avions vu, depuis quinze
jours , était France par les mœurs , par les souvenirs,
par les idées. Oui, les Alpes seules sont , de ce côté,

notre limite naturelle; aussi la nation n'a-t-elle jamais ratifié les traités de 1815. — Alpes, Pyrénées,
Rhin, Océan, voilà les frontières que la nature nous
a faites, que notre nationalité exige, et que tôt ou
tard nous ne pouvons manquer de recouvrer.

Des Échelles, nous gagnâmes à pied Saint-Laurent,
village situé sur la route de Grenoble, et précisément
au pied de la montagne où est assise la Grande-Chartreuse : c'était là le but de notre course, et nous prîmes gîte, pour la nuit, dans ce village, nous promettant bien de partir au point du jour, afin d'arriver de
bonne heure au couvent.

Le lendemain en effet nous étions en route, au
lever du soleil, et ayant pris dans le village tous les
renseignements dont nous avions besoin pour ne pas
nous égarer, nous prîmes gaiement, et à pied, le
chemin qui conduit à *Fourverie,* et de là au couvent
de la Grande-Chartreuse.

XI.

VISITE A LA GRANDE-CHARTREUSE DE GRENOBLE.

A peu de distance de Saint-Laurent, nous entrâmes
dans une gorge étroite et profonde, au fond de laquelle un torrent nommé *le Guier*, roule avec fracas
ses eaux impétueuses. Suspendu en quelque sorte au-
dessus de ce torrent, et dominé par d'énormes rochers taillés à pic, le chemin suit les contours de la
gorge, et plus vous avancez, plus la route devient
difficile, montueuse et pittoresque : sous vos pieds,
un précipice affreux, au fond duquel vous entendez
mugir le torrent; au-dessus de vos têtes, des masses
énormes de roches calcaires qui semblent, à chaque
instant, devoir vous écraser; au milieu de tout cela,
une végétation forte, une verdure sombre et sévère,
des sapins d'une hauteur prodigieuse, croissant dans
les fentes des rochers; puis, une immense solitude

répandue autour de vous; quelque chose de sauvage,
de grand, de solennel, que Châteaubriand appelle-
rait *la grande voix du désert :* tout cela vous saisit,
vous étonne, et vous inspire une sorte de terreur dont
vous n'êtes pas maître.

Plus loin, et à une lieue environ de Saint-Laurent,
vous arrivez dans une espèce d'entonnoir formé par
des rochers affreux, dont les sommités sont occupées
par une sombre forêt de sapins et de mélèzes. Au
fond, le torrent bondit avec fracas; un peu au-dessus
du torrent, un autre de cyclopes se présente tout à
coup à vos regards avec ses feux, ses lourds mar-
teaux, sa forge, ses fourneaux, ses grands corps nus
et noircis par le feu, ses figures sinistres, et son activité qui a quelque chose d'infernal. Vous ne savez
où vous êtes; le chemin par lequel vous êtes venu
vous paraît sans issue; votre esprit se refuse à croire
qu'une industrie purement humaine soit venue exploi-
ter des lieux si sauvages ; une espèce de vertige s'empare de vous; vous vous croyez revenu aux temps
de la mythologie, et vous osez à peine avancer. Tout
cela cependant n'est autre chose qu'une forge très-
ordinaire, exploitée par MM. Durand, de Grenoble,
et qui porte le nom de *Fourverie;* mais la sauvage
singularité du lieu prête éminemment à l'illusion ; et
le voyageur, qui est déjà depuis une heure sous l'impression de cette nature si sombre et si extraordinaire, éprouve en quelque sorte le besoin de se recueillir pour savoir s'il ne rêve pas. Tel est du moins
l'effet que produisit sur nous l'aspect de *Fourverie.*

Nous nous y arrêtâmes à peine , parce que nous étions
pressés d'arriver à notre destination , et que l'intérieur d'un établissement de ce genre n'offrait rien de
bien intéressant pour des gens qui , trois semaines
auparavant , avaient vu *Terre-Noire* , la *Bérardière* ,
et tous les beaux établissements de Saint-Étienne.

Nous marchâmes long-temps encore au milieu des
bois , et nous gravîmes , pendant plusieurs heures ,
non plus un chemin , mais une espèce de sentier fort
pénible , dominant toujours le ravin , et dominé lui-
même par de hautes montagnes couvertes de sapins et
de rochers.

Je remarquai là les plus beaux arbres que j'eusse
vus de ma vie , des hêtres , des sapins , et des mélèzes de cent pieds de hauteur, droits comme des
aiguilles , et gros comme des tours. J'admirais cette
superbe végétation, ces belles forêts , ce luxe d'une
nature sauvage et presque primitive, et peu à peu
mon âme se complaisait davantage dans la grande
tristesse de ces lieux , dans l'étonnante poésie de ces
solitudes , dans la sauvage éloquence de ces déserts.

Le son d'une cloche vint frapper notre oreille , et
vous comprenez tout ce que , là , le son d'une cloche
peut dire à l'âme du voyageur..... Nous approchions
de la *Chartreuse ;* la gorge dans laquelle nous marchions depuis plus de trois heures , se resserre encore ; la route devient plus montueuse , le ravin plus
profond ; de beaux arbres , des sapins séculaires gi-
sent étendus le long du chemin ; ils sont destinés à
la marine ; et les chantiers de Toulon s'enrichiront

des dépouilles de la montagne de Saint-Bruno. Nous montons encore, et bientôt nous apercevons la cime de la montagne couronnée par un énorme rocher qui s'élance vers le ciel, et se termine en une espèce d'obélisque d'une hauteur prodigieuse; c'est le rocher de *Grand-Son*, le point le plus élevé des environs de Grenoble, et c'est aux pieds de ce rocher qu'est située la Chartreuse.

Enfin, voici le couvent : une masse d'architecture de forme oblongue, un immense parallélogramme se présentant de côté, et divisé en une longue et régulière série de petits bâtiments carrés que séparent des cours et des jardins, et qui sont tous surmontés d'une croix; au milieu, un corps d'architecture plus élevé et plus imposant; par derrière enfin, une église et un dôme surmonté d'un petit clocher; voilà, pour ceux qui arrivent d'en-bas, l'aspect extérieur du monastère. Du reste, le lieu est admirablement choisi pour une retraite de ce genre, et l'âme de saint Bruno avait bien compris toute l'influence que devait avoir sur l'avenir de sa fondation le choix d'une solitude si sauvage et si sublime !

Arrivé sur l'espèce de plate-forme où est assis le couvent, vous ne voyez plus le chemin par lequel vous êtes venu; le désert se referme en quelque sorte sur vous; une sombre forêt de sapins vous entoure de tous côtés; au-dessus des bois, une immense ceinture de rochers sauvages; puis le ciel; voilà tout ce que vous apercevez. Là, plus de retour possible vers le monde; votre pensée ne peut se diriger qu'en haut, et votre regard ne peut tomber que sur le monastère ; là, votre volonté, quelque rebelle qu'elle soit, sera domptée ; et la grande et sublime solitude du lieu, jointe à la solitude du cloître, doit finir par faire de vous un saint.

Il était près de huit heures lorsque nous sonnâmes à la grande porte du couvent. Un frère, à longue barbe blanche, vint nous ouvrir, nous fit traverser la grande cour, et nous introduisit dans un long et immense vestibule, où un autre religieux vint sur-le-champ nous chercher, pour nous offrir des rafraîchissements. Mais à peine étions-nous là, que tout à coup nous entendîmes sortir, du fond du cloître, des sons d'une beauté dont nous fûmes frappés. Nous écoutâmes ; c'était la messe qu'on chantait, et nous de dire aussitôt qu'on nous menât dans l'église. On nous mène en effet dans une tribune élevée au-dessus de la grande porte, à l'endroit même où, dans nos églises, sont ordinairement placées les orgues. — De là, notre regard plongeait tout à son aise et dans la nef et dans le chœur, et embrassait l'ensemble vraiment admirable de ce tableau : environ soixante-dix chartreux, tous revêtus de l'habit de saint Bruno, assistaient en ce moment à l'office divin célébré par un de leurs frères. Rangés dans le chœur sur deux lignes parallèles, ils occupaient les stalles ; en dehors du chœur fermé par un jubé, se tenaient humblement agenouillés d'autres religieux revêtus d'un habit de même forme que les autres, mais d'une couleur différente ; c'étaient les *novices* qui, jusqu'au jour de leur profession, doivent porter le froc brun, au lieu du froc blanc que portent les *profès*. — Quelques minutes après notre arrivée, les chants recommencèrent, et je ne saurais dire tout ce qu'ont de puissance et de solennité, dans un lieu pareil, soixante belles voix d'hommes chantant à l'unisson les louanges du Seigneur. Au moment de l'élévation, il se fit un silence encore plus solennel ; tous les religieux se prosternèrent le front contre terre, et dans l'instant où le prêtre éleva l'hostie consacrée, vous eussiez entendu le bruissement le plus léger, le souffle le plus timide...... Il y avait là de quoi frapper l'esprit le moins religieux, de quoi faire impression sur l'homme le plus sceptique, de quoi saisir l'âme la plus insensible. — Mon frère et moi nous sortîmes tout émus ; jamais nous n'avions assisté à un spectacle religieux plus grand, plus solennel, plus admirable. Là, plus que partout ailleurs, le culte catholique nous apparut dans sa majestueuse et primitive simplicité ; là seulement notre imagination retrouva quelque chose de la poésie du premier culte chrétien célébré dans les catacombes !

En sortant de l'église, nous allâmes déjeuner ; le déjeuner fut modeste ; c'était un déjeuner de chartreux, des légumes, du beurre et du fromage. Puis, nous demandâmes à visiter l'intérieur du couvent, et on nous montra la grande salle du chapitre, où sont rangés, dans une série chronologique, les portraits de tous les généraux de l'ordre, depuis saint Bruno jusqu'à nos jours ; la bibliothèque, vaste collection de livres de théologie et de pères de l'Eglise ; puis, les cloîtres qui sont certainement ce qu'il y a de plus beau et de plus imposant dans la maison; et enfin, les cellules qui excitaient au dernier degré notre curiosité. — Nous fûmes reçus dans celle du coadjuteur, M. Franchet, homme aimable et spirituel, qui nous accueillit avec une politesse et une urbanité auxquelles il nous fut facile de reconnaître l'homme du monde, sous l'habit de chartreux. Il nous fit voir l'intérieur de sa cellule, qui se compose, au premier étage, d'une chambre à coucher, et d'une autre petite pièce servant de bibliothèque et de cabinet de travail, et au rez de chaussée, d'un atelier de menuiserie ou autre art mécanique, donnant sur un petit jardin qui sépare cette cellule de la cellule voisine, et ainsi de toutes les autres; car elles sont toutes sur le même modèle. Nous vîmes ainsi que ce que les chartreux appellent leur cellule, n'est rien moins qu'une petite maison propre et commode, attribuée à chacun d'eux exclusivement, et isolée par un jardin, de la cellule voisine qui n'a vue que du côté opposé.

Comme on le devine, j'accablai le coadjuteur de questions, et sur le genre de vie qu'on menait dans cette retraite, et sur l'emploi du temps, et sur les études auxquelles il était permis de se livrer, et sur le plus ou le moins de sévérité de la règle de saint Bruno. Il répondit à tout avec une obligeance particulière, et voulut bien entrer avec nous dans tous les détails qui pouvaient nous intéresser. Il nous dit que matériellement la vie de chartreux n'avait rien de très-austère; l'abstinence qu'on y observe est très-supportable : du laitage, des légumes, des fruits, telle est la nourriture ordinaire ; le temps consacré au sommeil est suffisant ; la culture d'un petit jardin, et les travaux mécaniques, permis pendant plusieurs heures de la journée, sont, pour le corps, un exercice salutaire ; mais ce qu'il y a de plus pénible dans cette vie, c'est la solitude à laquelle la règle condamne chaque religieux : hormis les prières et les offices qui se disent à l'église, et une promenade extérieure faite en commun, une fois par semaine, tout le reste est individuel. Chaque chartreux mange seul dans sa cellule ; aucune communication ne leur est permise entre eux ; aucuns rapports particuliers, aucune liaison d'amitié ne sont tolérés. A l'extérieur, toute espèce de relation interdite rigoureusement ; vous n'avez plus de sœur, plus de mère, plus d'amis ; non-seulement on vous refuserait de les voir, s'ils étaient là ; mais un souvenir d'eux, une lettre ne peut arriver jusqu'à vous ; vous êtes mort pour le monde ; vous êtes mort pour tout ce que vous aviez de plus cher ; et quand les lois du bagne permettent au condamné à perpétuité de recevoir encore le salut d'un frère ou d'un ami, vous, malheureux chartreux, vous ne pouvez plus, une seule fois dans votre vie, être consolé par le regard de l'amitié..... Oh ! qu'il y a là d'abnégation ! qu'il y a, je ne veux pas dire de vertu, mais de force d'âme, mais de cruauté envers soi-même ! Et quel cœur de bronze ou quel courage surhumain avait donc le fondateur d'une discipline aussi dure ! et pourtant vous trouverez là des hom-

mes qui ont connu le monde et savouré ses délices ;
des hommes qui ont fait l'ornement de la société ,
l'orgueil d'une famille, la joie d'une maîtresse ! Et
ces hommes ont tout quitté, ont renoncé à tout, pour
venir, de leur plein gré, s'enfermer dans ces cata -
combes vivantes.... ! Pensez, philosophes, pensez ;
les mystères du cœur humain sont profonds ; mais
n'y a-t-il pas quelque chose de plus profond encore
dans les desseins de cette Providence qui mène
l'homme, et qui, du sein de la mollesse et de la corruption de Rome, sait conduire saint Augustin dans
la pénitence, et saint Jérôme dans le désert...... ?

Notre visite à la Grande-Chartreuse se prolongea
beaucoup plus que nous n'avions pensé ; il était midi
quand nous prîmes congé du coadjuteur ; et, comme
nous voulions aller coucher à Grenoble, nous n'eûmes
pas le temps de voir l'ermitage de saint Bruno, situé
au milieu des bois, à un quart de lieue environ au-
dessus du couvent. C'est là, dit-on, que le pieux
anachorète vint se réfugier, vers l'an 1084 , et qu'il
prit la résolution de fonder un monastère. La cabane
qui, pendant quelque temps, lui servit d'asile, est
aujourd'hui convertie en une petite chapelle parfaitement décorée et ornée, assure-t-on, de fort belles
fresques. Nous partîmes, avec le regret de négliger
d'une part cette course, et ensuite l'ascension du
Grand-Son, d'où nous aurions pu voir, avec un ciel
serein, une grande partie de la Savoie, du Dauphiné,
de la Bresse, tout le cours du Rhône jusqu'à Lyon,
et même, assure-t-on, les montagnes de l'Auvergne

et du Forez. — Mais le temps nous pressait ; il fallait nous mettre en route, et nous quittâmes, presque en courant, le monastère, fortement impressionnés par tout ce que nous avions vu depuis le matin, et éprouvant, au fond de l'âme, une admiration sincère pour la fondation de saint Bruno, pour la pieuse résignation de ses disciples, et pour l'institution d'une discipline qui avait su résister, depuis des siècles, à tant de passions, à tant de chocs, à tant d'écueils de tout genre.

Nous suivîmes le chemin qui mène de la Chartreuse à Grenoble, par le *Sapey* et les bois du même nom. A quelque distance du couvent, nous passâmes devant une grande maison aujourd'hui abandonnée, mais qui jadis avait servi de succursale au monastère, dans les temps de sa grande prospérité ; puis nous descendîmes dans un ravin profond ; nous traversâmes un torrent, et, une heure après, nous parvînmes, tout essoufflés, au haut de la montagne opposée au *Grand-Son*. De là nous nous dirigeâmes, à travers des pays affreux, vers les bois du Sapey, que nous apercevions de loin ; il faisait une chaleur étouffante ; nous étions au quatre juillet, et le soleil nous dardait perpendiculairement ses rayons sur la figure. Parvenus dans la forêt, nous nous reposâmes quelques instants, puis nous marchâmes encore ; et, à demi-morts de soif, nous arrivâmes au village du *Sapey* ; là, on nous donna du vin passable et du sucre. Un repos d'une heure nous rendit nos forces ; et, comme nous n'étions plus qu'à trois lieues de Grenoble, nous reprîmes facilement courage.

XII.

GRENOBLE ET LA VALLÉE DU GRÉSIVAUDAN.

Bientôt nous découvrîmes le cours de l'Isère, une partie de la belle vallée du *Grésivaudan*, et arrivés à la *Maison-Carrée*, à deux lieues de Grenoble, nous pûmes contempler un des plus beaux points de vue qu'il y ait en France.

A nos pieds, une vallée riche et fertile, ou plutôt un magnifique jardin planté d'arbres de toute espèce, de vignes, d'arbustes et de rosiers; entrecoupé de belles cultures de chanvre, de lin, de froment, et arrosé, dans toute sa longueur, par une belle rivière, dont les contours sinueux semblent caresser cette terre promise; à droite, la ville de Grenoble, aux portes de laquelle vient se terminer la délicieuse vallée du Grésivaudan, et qui nous montre de loin ses remparts, ses bastions, sa nouvelle citadelle, comme pour nous dire, à nous qui venons de l'étranger,

que la France est gardée de ce côté ; dans le lointain , le *Drack* , dont les bords sablonneux, frappés
des rayons du soleil , produisent un effet de mirage
tel qu'on le prendrait pour un grand fleuve ; à gauche,
et en remontant la vallée , de beaux villages , répandus çà et là , et animant le paysage ; des massifs de
verdure diversement nuancés , des bois , des montagnes , et par-dessus tout , les Alpes , dont les som
mets neigeux terminent l'horizon , et se confondent
avec le ciel : tel est le tableau ravissant que nous
avions dans ce moment sous les yeux. Assis sur un
tertre , au-devant de la *Maison-Carrée*, nous contem-
plâmes long-temps ce magnifique panorama , et nous
ne pouvions nous rassassier de cette vue. Enfin , nous
continuâmes notre route , et descendant rapidement
la montagne , nous atteignîmes bientôt les bords de
l'Isère , et, quelques instants après, les portes de
Grenoble. Le soleil était sur le point de se coucher ;
et fatigués comme nous l'étions , nous ne pensâmes
qu'à nous reposer ; la journée du lendemain étant
d'ailleurs consacrée à visiter la ville et les fortifications. En arrivant , nous allâmes l'un et l'autre nous
jeter dans un bain ; puis nous soupâmes confortable-
ment ; et , après deux ou trois tours de promenade ,
nous allâmes bientôt prendre un repos dont nous
avions grand besoin.

Le lendemain , cinq juillet , était le jour anniver-
saire de la glorieuse résistance opposée par les habitants de Grenoble à l'armée austro-sarde , le cinq
juillet 1815. Tout ce qui est souvenir patriotique et

honneur national est cher à ces braves Dauphinois ;
c'est toujours la patrie de *Bayard*, et l'étranger ne
leur fit jamais peur.

Nous sortîmes de bonne heure ; toute la ville avait
un air de fête ; la garnison était sur pied ; les tam-
bours battaient ; les monuments publics étaient pa-
voisés de drapeaux tricolores. — Après avoir visité
l'intérieur de la ville, les quais, les promenades,
la place *Grenette*, ornée d'une fort belle fontaine, la
place *Bayard*, décorée d'une statue équestre du che-
valier *sans peur et sans reproche*, nous allâmes, sous
les auspices de MM. les officiers du génie, visiter
les nouvelles fortifications. Charles avait retrouvé,
parmi ces officiers, plusieurs de ses camarades d'école,
et jamais camaraderie ne fut plus franche, plus aimable, plus hospitalière. Nous vîmes, dans le plus
grand détail, les travaux de la nouvelle citadelle,
autrement nommée *Fort-Rabaud ;* et nous admirâmes
ce beau plan de fortifications du général Haxo, exé-
cuté avec tant d'habileté par les ingénieurs attachés
à la direction de Grenoble. Ces travaux et ceux qui
s'exécutent sur tous les autres points de la nouvelle
enceinte, feront certainement de Grenoble une des
places les plus fortes de nos frontières ; et cette
place, on peut le prédire, sera toujours bien gardée
par le courage de ses habitants.

Empreinte d'un vigoureux génie de résistance et
d'opposition, la population de Grenoble fut, dans
tous les temps, un des meilleurs remparts de la France
contre l'invasion. Là, on aime le pays, et l'on hait

l'étranger ; là aussi, on chérit la liberté, et on sait mourir pour elle. Hommes rudes et énergiques, esprits sévères et positifs, âmes fortement trempées d'orgueil national et de vertu guerrière, les Dauphinois sont, à tous égards, un des peuples les plus intéressants de notre France. — Jamais la féodalité ne pesa chez eux comme ailleurs. En guerre éternelle avec la Savoie, les seigneurs eurent intérêt à ménager leurs hommes, et leur laissèrent toujours des franchises très-étendues. La propriété s'y trouva de bonne heure divisée à l'infini ; aussi la révolution y était-elle, pour ainsi dire, faite d'avance, quand elle éclata en 1789 ; et quand Bonaparte, à son retour de l'île d'Elbe, choisit Grenoble pour première station, il savait bien que la restauration n'y était pas goûtée, et que la cause de la révolution qu'il représentait lui rallierait tous les dévouements, et lui ouvrirait toutes les portes.

Grenoble est la patrie de Mably, de Condillac, de Mounier, de Barnave, de Casimir Perrier. Nommer de tels hommes, c'est déjà dire l'esprit et le caractère du pays. Passionnés pour la liberté, ils repoussèrent, dans tous les temps, les excès de la démagogie, et quand les échafauds couvraient le reste de la France, au temps désastreux de 1793, les Dauphinois, qui, quatre ans plus tôt, avaient donné le signal de la révolution, surent garder chez eux cette révolution pure, ou du moins l'empêcher de devenir sanglante.

Mais j'ai quitté, je ne sais pourquoi, nos braves et aimables officiers du génie, qui pourtant, comme je vous l'ai dit, nous faisaient les honneurs de leur

citadelle avec une grâce et une bonté toutes parti-
culières. Le bon capitaine Breton , comme chargé
spécialement des travaux du fort , avait un logement
dans la grande caserne ; il y fit porter des rafraîchissements ; et là , tout en buvant le vin mousseux
de Montmélian , nous pûmes jouir, tout à notre aise,
de l'admirable panorama de Grenoble, avec ses places , ses quais , ses édifices , ses promenades , ses
remparts , et embrasser du même coup d'œil tout
le cours de l'Isère, et la fertile vallée qu'elle arrose,
et la belle route de Vizille, et, à droite, les beaux
travaux exécutés pour l'endiguement du *Drack*, et
les montagnes de *Sassenage*, dont la vue nous rappela les aventures de la Fée et les romans de Bargi-
net ; puis , nous passâmes là deux heures charmantes ;
et admis, comme frère de Charles, dans la *camaraderie* de ces aimables gens , j'oubliai le temps dans
leur entretien si gai , si amusant et tout à la fois si
instructif. Pourtant il fallut partir ; et , invités à dîner par nos excellents *camarades*, nous redescendîmes
dans la ville , où nous visitâmes encore avec plaisir
l'atelier du sculpteur Sapey, l'hôtel de ville, et l'ancien hôtel du maréchal *de Lesdiguières*, ce roi de
Grenoble , sous Henri IV, qui a laissé , dans tout le
Dauphiné, tant de souvenirs de sa puissante administration. Le soir , nous vînmes attendre , dans la
grande allée du *Jardin*, qui est la promenade en
vogue de Grenoble, le moment de notre départ, qui
était fixé pour neuf heures, et nous passâmes encore
quelques instants fort agréables. C'était un jour de

dimanche ; toutes les femmes de Grenoble étaient là ; et si la vue des belles fortifications de la citadelle nous avait offert beaucoup d'intérêt , celle du beau sexe de Grenoble n'en était pas entièrement dépourvue ; mais nous n'étions que des *oiseaux de passage ;* et le joli pied que certaines promeneuses nous laissèrent apercevoir, et les doux regards que nous pûmes surprendre en passant ; tout cela ne fut que le plaisir d'un instant , et bientôt après , qu'un souvenir bien léger ; mais ce qui restera plus long-temps dans notre cœur , c'est la mémoire de l'aimable et fraternelle hospitalité que nous trouvâmes chez ces braves officiers du génie , et tout le regret que nous éprouvâmes en les quittant. —Neuf heures sonnèrent ; nous montâmes en voiture ; et le lendemain matin , nous nous éveillâmes à *Bourgoin.* Quelques heures après , nous arrivâmes à Lyon ; et là se termina notre voyage ; là aussi s'arrêtent les souvenirs du voyageur, et le récit qu'il avait à vous faire.

FIN.

TABLE

DES CHAPITRES.

FIN DE LA TABLE.

CLERMONT-FERRAND, IMPRIMERIE DE THIBAUD-LANDRIOT.

9 782329 770413